매 일 베 트 남 어 습 관 의 기 적 !

나의 하루 1줄 베트남어 쓰기·수첩

“외국어는

매일의 습관입니다.”

매 일 베 트 남 어 습 관 의 기 적 !

나의 하루 한 줄 베트남어 쓰·기·수·첩

매일 한 줄 쓰기의 힘

여러분,
한꺼번에 수십 개의 단어와 문장을 외웠다가
나중에 몽땅 까먹고 다시 공부하는
악순환을 반복하고 싶으신가요?

아니면 하루 1문장씩이라도
확실히 익히고, 직접 반복해서 써보며
온전한 내 것으로 만들어
까먹지 않고 제대로 써먹고 싶으신가요?

베트남어 '공부'가 아닌
베트남어 '습관'을 들이세요.

많은 사람들이 외국어를 공부할 때, 자신이 마치 내용을 한 번 입력하기만 하면
죽을 때까지 그걸 기억할 수 있는 기계인 것마냥 문법 지식과 단어를
머릿속에 최대한 많이 넣으려고 하는 경향이 있습니다.
하지만 이 공부법의 문제는? 바로 우리는 기계가 아닌 '인간'이기 때문에
한꺼번에 많은 내용을 머릿속에 우겨 넣어 봐야 그때 그 순간만 기억할 뿐
시간이 지나면 거의 다 '까먹는다는 것'입니다.

'한꺼번에 많이'보다
'매일매일 꾸준히' 하세요.

까먹지 않고 내 머릿속에 오래도록 각인을 시키려면,
우리의 뇌가 소화할 수 있는 만큼만 공부해 이를 최대한 '반복'해야 합니다.
한 번에 여러 문장을 외웠다 며칠 지나 다 까먹는 악순환을 벗어나,
한 번에 한 문장씩 여러 번 반복하고 직접 써보는 노력을 통해
베트남어를 진짜 내 것으로 만드는 것이 제대로 된 방법입니다.

어느새 베트남어는
'나의 일부'가 되어있을 겁니다.

자, 이제 과도한 욕심으로 작심삼일로 끝나는 외국어 공부 패턴을 벗어나,
진짜 제대로 된 방법으로 베트남어를 공부해 보는 건 어떨까요?

쓰기 수첩 활용법

DAY 016 ___월___일

Tôi là sinh viên.

저는 대학생이에요.

1

발음 또이 라 씬 비엔

① sinh viên = 대학생

주어	서술어	대상
Tôi	là	sinh viên.
저	이에요	대학생

MP3를 듣고 따라 말하며 문장을 반복해서 써 보기 mp3 024

① Tôi là sinh viên.

②

③

2

응용해서 써 본 뒤 MP3를 듣고 따라 말하기 mp3 025

① 저는 회사원이에요.

→

② 저는 사업가에요. [사업가 = nhà kinh doanh]

→

① Tôi là nhân viên công ty.

② Tôi là nhà kinh doanh.

3

1 하루 1문장씩 제대로 머릿속에 각인시키기

베트남어 핵심 어법이 녹아 있는 문장을 하루 1개씩, 총 100개 문장을 차근차근 익혀 나가도록 합니다. 각 문장 1개를 통해 일상생활 필수 표현 및 핵심 문형 1개 & 새로운 어휘 2~3개를 함께 익힐 수 있습니다.

2 그날그날 배운 문장 1개 반복해서 써보기

그날그날 배운 문장 1개를 수첩에 반복해서 써보도록 합니다. 문장을 다 써본 후엔 원어민이 직접 문장을 읽고 녹음한 MP3 파일을 듣고 따라 말하며 발음까지 확실히 내 것으로 만들도록 합니다.

3 배운 문장을 활용해 새로운 문장 응용해서 써보기

그날그날 배우고 써봤던 베트남어 문형에 다른 어휘들을 집어 넣어 '응용 문장 2개' 정도를 더 써보도록 합니다. 이렇게 함으로써 그날 배운 베트남어 문형은 완벽한 내 것이 될 수 있습니다.

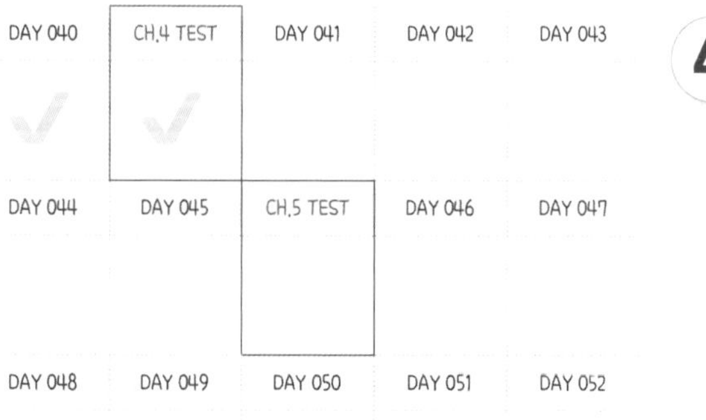

5

기초문장 100

중급문장 100

고급문장 100

본 교재는 '기초문장 100'에 해당합니다.

4 매일매일 쓰기를 확실히 끝냈는지 스스로 체크하기

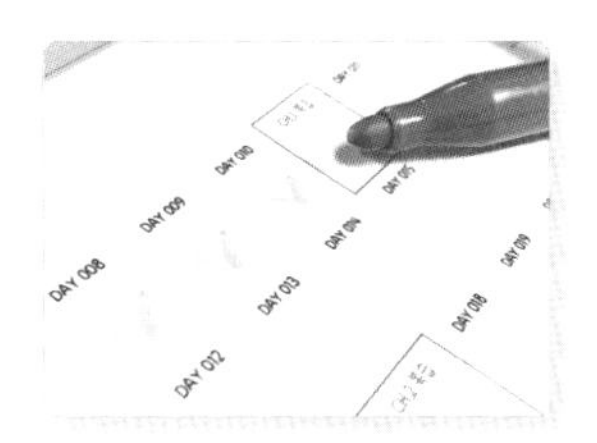

외국어 공부가 작심삼일이 되는 이유 중 하나는 바로 스스로를 엄격히 체크하지 않아서입니다. 매일 쓰기 훈련을 끝마친 후엔 일지에 학습 완료 체크 표시를 하며 쓰기 습관이 느슨해지지 않도록 합니다.

5 '기초-중급-고급'의 체계적인 단계별 쓰기 훈련

나의 하루 1줄 베트남어 쓰기 수첩은 '기초-중급-고급'으로 구성되어 있어 수준을 단계적으로 높여 가며 베트남어를 마스터할 수 있습니다.

기초문장 **100**	기본 어순 마스터 및 초급 레벨의 어법이 녹아 있는 문장 100개를 익히고 작문하기
중급문장 **100**	다양한 시제 및 중급 레벨의 핵심 어법이 녹아 있는 문장 100개를 익히고 작문하기
고급문장 **100**	기초 및 중급을 기반으로 좀 더 길고 풍성한 문장 100개를 익히고 작문하기

쓰기 수첩 목차

나의 쓰기 체크일지

본격적인 '나의 하루 1줄 베트남어 쓰기' 학습을 시작하기에 앞서, 수첩을 활용하여 공부를 진행하는 방법 및 '나의 쓰기 체크 일지' 활용 방법을 안내해 드리도록 하겠습니다. 꼭! 읽고 학습을 진행하시기 바랍니다.

공부 방법

1. 'DAY 1'마다 핵심 베트남어 문형 및 문장 1개를 학습합니다.
2. 배운 문장 1개를 MP3를 듣고 따라 말하며 5번씩 써봅니다.
3. 배운 문장 구조를 응용하여 다른 문장 두 개를 작문해 본 다음 MP3를 듣고 따라 말해 봅니다.
4. 또한 챕터 하나가 끝날 때마다 작문 테스트를 치러 보며 자신의 베트남어 실력을 점검해 봅니다.
5. 이 같이 학습을 진행해 나가면서, '나의 쓰기 체크 일지'에 학습을 제대로 완료했는지 체크(V) 표시를 하도록 합니다.

START		Warm Up	DAY 001	DAY 002
DAY 003	DAY 004	DAY 005	DAY 006	DAY 007

DAY 008	DAY 009	DAY 010	DAY 011	DAY 012
DAY 013	CH.1 TEST	DAY 014	DAY 015	DAY 016
DAY 017	DAY 018	DAY 019	DAY 020	DAY 021
DAY 022	CH.2 TEST	DAY 023	DAY 024	DAY 025
DAY 026	DAY 027	DAY 028	DAY 029	DAY 030
DAY 031	DAY 032	DAY 033	DAY 034	DAY 035
CH.3 TEST	DAY 036	DAY 037	DAY 038	DAY 039

DAY 040	CH.4 TEST	DAY 041	DAY 042	DAY 043
DAY 044	DAY 045	CH.5 TEST	DAY 046	DAY 047
DAY 048	DAY 049	DAY 050	DAY 051	DAY 052
CH.6 TEST	DAY 053	DAY 054	DAY 055	DAY 056
DAY 057	DAY 058	DAY 059	DAY 060	DAY 061
DAY 062	DAY 063	DAY 064	DAY 065	CH.7 TEST
DAY 066	DAY 067	DAY 068	DAY 069	DAY 070

DAY 071	CH.8 TEST	DAY 072	DAY 073	DAY 074
DAY 075	CH.9 TEST	DAY 076	DAY 077	DAY 078
DAY 079	DAY 080	DAY 081	DAY 082	DAY 083
DAY 084	DAY 085	DAY 086	CH.10 TEST	DAY 087
DAY 088	DAY 089	DAY 090	DAY 091	DAY 092
DAY 093	DAY 094	DAY 095	DAY 096	CH.11 TEST
DAY 097	DAY 098	DAY 099	DAY 100	CH.12 TEST

나의 다짐

다짐합니다.

나는 "나의 하루 한 줄 베트남어 쓰기 수첩"을

언제 어디서나 휴대하고 다니며

하루 한 문장씩 꾸준히 포기하지 않고

열심히 쓸 것을 다짐합니다.

만약 하루에 한 문장씩 쓰기로 다짐한

이 간단한 약속조차 지키지 못해

다시금 작심삼일이 될 경우,

이는 내 자신의 의지가 이 작은 것도 못 해내는

부끄러운 사람이란 것을 입증하는 것임을 알고,

따라서 내 스스로에게 부끄럽지 않도록

이 쓰기 수첩을 끝까지 쓸 것을

내 자신에게 굳건히 다짐합니다.

년　　　월　　　일

이름:

WARM UP

본격적으로 베트남어 학습을 시작하기 전,
기본적으로 알고 있어야 할 베트남어의 특징 및
베트남어의 알파벳과 성조에 대해 배워 봅시다.

① 베트남어의 특징

② 베트남어 알파벳

③ 베트남어 성조

1. 베트남어의 특징

베트남어의 특징은 크게 4개로 나누어 살펴볼 수 있습니다.

① 어순에 의해 정의되는 언어

② 문장 내 위치로 단어의 품사가 결정되는 언어

③ 성조가 있는 언어

④ 29개의 알파벳을 사용하는 언어

자, 그럼 하나씩 차근차근 알아가 보도록 할까요?

① 베트남어는 문법적 관계가 어순에 의해 정의되는 언어이다.

베트남어는 어형 변화와 접사(접두사, 접미사, 조사, 어미 등)가 없는 것이 특징인 고립어에 속합니다. 그리고 베트남어는 단어들이 나열되는 방식, 즉 '어순'으로 문장이 구성되기 때문에 어순을 중심으로 문법과 의미적 관계가 정의됩니다.

② 베트남어 단어는 문장 내 위치에 따라 품사가 달라진다.

베트남어는 한 단어에 여러 가지 품사가 있는 경우가 많으며, 그러한 단어들은 문장 내 위치에 따라 품사가 결정됩니다. 아래는 그 예시입니다.

quyết định

(동사) 결정하다

(형용사) 결정된

(명사) 결정

예를 들어 quyết định이라는 단어가 문장 내에서 어느 위치에 놓이느냐에 따라 동사가 될 수도, 형용사가 될 수도, 명사가 될 수도 있습니다. 즉 문장 내 위치에 따라 동사/명사/형용사/부사가 될 수 있다는 것이죠. 따라서 베트남어 단어는 문장 내 위치, 즉 '어순'에 따라 단어의 품사와 문법적인 의미가 결정된다는 걸 반드시 기억해야 합니다.

③ 베트남어는 성조어이다.

베트남어엔 소리의 높낮이, 즉 '성조'가 존재합니다. 베트남어 성조는 6성조로 구성되어 있으며, 성조에 따라 단어의 의미가 달라질 수 있으므로 유의해서 발음해야 합니다. 성조는 베트남어로 Thanh dấu(타인 저우) 또는 Thanh điệu(타인 디에우)라고 하며 이 뒤에 6성조에 해당하는 각각의 명칭(Ngang / Sắc / Huyền / Hỏi / Ngã / Nặng)을 붙여서 부릅니다. 아래는 6성조를 간략하게 정리한 표입니다.

mp3 001

Thanh Ngang	Thanh Sắc	Thanh Huyền
응앙성조	싹성조	후옌성조
ma	má	mà
귀신	불, 엄마	그런데
Thanh Hỏi	Thanh Ngã	Thanh Nặng
호이성조	응아성조	낭성조
mả	mã	mạ
무덤	말	벼, 모

자, 위의 예시에서 볼 수 있듯이 6성조에 따라 같은 철자의 단어라도 그 의미가 전혀 달라지는 것을 볼 수 있지요? 따라서 베트남어는 필히 성조에 유의해야 합니다.

④ 베트남어는 29개 알파벳으로 표기한다.

베트남어 철자는 29개의 알파벳으로 이루어져 있으며, 이 29개의 알파벳은 단모음 12개, 단자음 17개로 구성되어 있는데 베트남어 알파벳에선 f, j, w, z를 사용하지 않으며 영어 알파벳엔 없는 철자(자음 đ / 모음 ă, â, ê, ô, ơ, ư)가 존재합니다. 이때 주의할 것은 모음 위에 표기된 부호는 성조가 아니라는 것입니다. 그냥 철자 그 자체의 모양새이며, 앞서 말한 6성조가 표기되는 방식은 이와는 별도입니다.

2. 베트남어 알파벳

■ 베트남어 알파벳 29개

아래에서 '명칭'은 각 알파벳의 음성 명칭(영어로 치면 A=에이[ei], B=비[bi], C=씨[si])를, '발음'은 각 알파벳의 음가(영어로 치면 A=[아], B=[브], C=[크])를 나타낸 것입니다. 그리고 '(북)'은 베트남 북부 발음, '(남)'은 베트남 남부 발음을 뜻합니다.

mp3 002

알파벳	명칭	발음	알파벳	명칭	발음
A (a)	아[a]	아	N (n)	엔너[en-nờ]	너
Ă (ă)	아[á]	(짧은)아	O (o)	오[o]	(입 크게)어
Â (â)	어[ớ]	어	Ô (ô)	오[ô]	오
B (b)	베[bê]	버	Ơ (ơ)	어[ơ]	어
C (c)	쎄[xê]	꺼	P (p)	뻬[pê]	뻐
D (d)	제[dê](북) 예[dê](남)	저(북) 여(남)	Q (q)	꾸이[qui]	꾸이
Đ (đ)	데[đê]	더	R (r)	에러[e-rờ]	저(북) 러(남)
E (e)	애[e]	애	S (s)	앳시[ét sì]	써
Ê (ê)	에[ê]	에	T (t)	떼[tê]	떠
G (g)	줴[giê]	거	U (u)	우[u]	우
H (h)	핫[hát]	허	Ư (ư)	으[ư]	으
I (i)	이 응안[i ngắn]	이	V (v)	베[vê]	버
K (k)	까[ca]	까	X (x)	익씨[ích xì]	써
L (l)	엘러[e-lờ]	러	Y (y)	이 자이[i dài]	이
M (m)	엠머[em-mờ]	머			

■ 단모음 12개

mp3 003

단모음	발음	예시
A (a)	[아] 한국어의 '아'와 같은 발음으로 입을 벌리고 혀를 아래로 내려 '솔' 음으로 길게 발음합니다.	ma [마] 귀신
Ă (ă)	[아] 영어의 a[아]처럼 발음되지만 a보다 짧게 발음하면서 이 역시 '솔' 음으로 발음합니다.	ăn [안] 먹다
Â (â)	[어] 한국어의 '어'와 같은 발음이지만 이를 짧게 발음합니다.	ân [언] 은혜
E (e)	[애] 한국어의 '애'와 비슷한 발음으로 혀를 아래로 길게 눌러서 발음합니다.	em [앰] 너, 동생, 나
Ê (ê)	[에] 한국어의 '에'와 비슷한 발음으로 입을 작게 벌려서 발음합니다.	ếch [에익(북), 엑(남)] 개구리
I (i)	[이] 영어의 y[이]로 발음되지만 앞에 자음이 있을 경우 짧게 발음하며 마무리합니다.	hai [하이] 2(숫자)
Y (y)	[이] 영어의 i[이]로 발음되지만 앞에 자음이 있을 경우 자음을 짧게 하면서 y는 길게 마무리하여 발음합니다.	hay [하이] 재미있는
O (o)	[어] 한국어에는 없는 발음으로서 한국어의 '아'와 '오'의 중간 발음인 느낌이며, 입을 크게 벌려서 '어'에 가깝게 발음합니다.	no [너] 배부른
Ô (ô)	[오] 한국어의 '오'와 비슷한 발음입니다.	môn [몬] 과목
Ơ (ơ)	[어] 한국어의 '어'와 비슷한 발음입니다.	mở [머] 열다
U (u)	[우] 한국어의 '우'와 비슷한 발음입니다.	mau [마우] 빠른
Ư (ư)	[으] 한국어의 '으'와 비슷한 발음입니다.	lưng [릉] 등(신체)

■ 이중 모음

'ia[이아], ua[우아], ưa[으아]'와 같은 이중 모음의 경우, 자음과 만났을 경우 아래와 같이 발음이 변화되므로 이에 유의해야 합니다.

mp3 004

이중모음	발음	예시
-ia	자음+ia[이아] → ia를 [이어]로 바꾸어 발음	bia [비어] 맥주
-ua	자음+ua[우아] → ua를 [우어]로 바꾸어 발음	mua [무어] 사다
-ưa	자음+ưa[으아] → ưa를 [으어]로 바꾸어 발음	mưa [므어] 비

■ 복자음

자음 2개 이상이 결합하여 이루어진 복자음은 각기 아래와 같이 발음됩니다.

mp3 005

복자음	발음	예시
ch- -ch	① ch-가 앞에 올 경우 • 북쪽 : [ㅉ] 또는 [ㅊ]로 발음합니다. • 남쪽 : [ㅉ]로 발음합니다. ② -ch 가 뒤에 올 경우 • 북쪽 : [-익]으로 발음합니다. • 남쪽 : [ㄱ]으로 발음합니다.	① chào [짜오] 안녕 ② sách [싸익/싹] 책
gh-	한국어의 [ㄱ] 발음으로 영어의 [g] 발음과 비슷합니다.	ghê [게] 징그러운
gi-	[gi] = [지] 발음으로 영어의 [z] 발음과 비슷합니다.	giá [지아(북), 야(남)] 가격
kh-	한국어의 [ㅋ]발음으로 성대를 울리듯이 [커]라고 발음합니다.	khá [카] 꽤

ng- -ng -ong	① ng-이 앞에 올 경우 [응] 발음이 납니다. ② -ng이 뒤에 올 경우 [ㅇ] 발음이 납니다. ③ -ong은 [옹]과 [엉]의 중간 발음으로 반드시 볼에 바람을 넣어서 발음합니다.	① Nga [응아] 러시아 ② tăng [땅] 증가하다 ③ mong [멍] 희망하다
ngh-	ng와 비슷한 [응] 발음이 나며, 이때 h는 묵음으로 처리합니다.	nghỉ [응이] 쉬다
nh- -nh	① nh-가 앞에 올 경우 [냐] 발음이 납니다. ② -nh가 뒤에 올 경우 • 북쪽 : [인]과 [잉]의 중간으로 발음합니다. • 남쪽 : [ㄴ]으로 발음합니다.	① nhà [냐] 집 ② nhanh [냐인] 빨리
ph-	영어의 [f] 발음과 매우 흡사합니다.	phở [퍼] 쌀국수
th-	한국어의 [ㅌ] 발음이 납니다.	thăm [탐] 방문하다
tr-	한국어의 [ㅉ] 발음이 납니다.	trà [짜] 차(마시는 차)
끝자음에서 볼에 바람을 넣는 자음과 넣지 않는 자음 구별!		
-oc	-oc, -uc, -ong, -ông -ung과 같이 해당 자음이 끝에 나오면 반드시 볼에 바람을 넣으면서 [ㅇ]과 [ㅁ]의 중간 소리로 발음합니다.	học [헙] 공부하다
-uc		Úc [웁] 호주
-ong		nóng [너엄] 더운
-ông		mông [몽] 엉덩이
-ung		thùng [투움] 통
-ương	-ươ의 경우 이중모음으로 [ư 으 / ơ 어] 발음에 해당하므로 -ương은 바람을 넣지 않고 [으엉]으로 발음합니다.	trường [쯔엉] 학교

3. 베트남어 성조

베트남어에서 성조 부호를 표기할 때엔 첫번째 모음 위에 표기하며, 단 마지막 성조인 '낭성조'는 모음 아래에 성조 부호를 표기합니다.

성조의 종류	특징	부호	예시
Thanh Ngang 응앙성조	'도레미파솔라시도' 음계에서 중간음인 '솔'을 기준으로 그 음을 그대로 길게 쭉 발음합니다.	a (부호X)	anh [아인] 오빠, 형
Thanh Sắc 싹성조	'솔' 음을 기준음으로 삼아 여기서 상승 곡선을 그리듯 부드럽게 음을 올리면서 발음합니다.	á	chú ý [쭈이] 주의하다
Thanh Huyền 후옌성조	기준음인 '솔'보다 좀 더 낮게 첫음을 시작합니다. '미, 파' 정도의 음에서 아주 부드럽게 음을 내리면서 끊기지 않게 발음합니다.	à	nhà [냐] 집
Thanh Hỏi 호이성조	기준음인 '솔'보다 살짝 낮게 첫음을 시작합니다. '미, 파' 정도의 음에서 살짝 올렸다가 내린 후, 끝음을 다시 살짝 올린다는 느낌으로 발음합니다.	ả	mở [머] 열다
Thanh Ngã 응아성조	성조 중 가장 높은 음이며, 기준음을 '솔'로 잡은 후 중간에 음이 끊기듯 발음하며 끝을 많이 올려서 발음합니다.	ã	kỹ [끼] 주의 깊게
Thanh Nặng 낭성조	성조 중 가장 짧고 굵게 발음한다 생각하면서 '미, 파' 정도의 음에서 아래로 강하게 스타카토를 치듯 발음합니다.	ạ	chị [찌] 언니, 누나

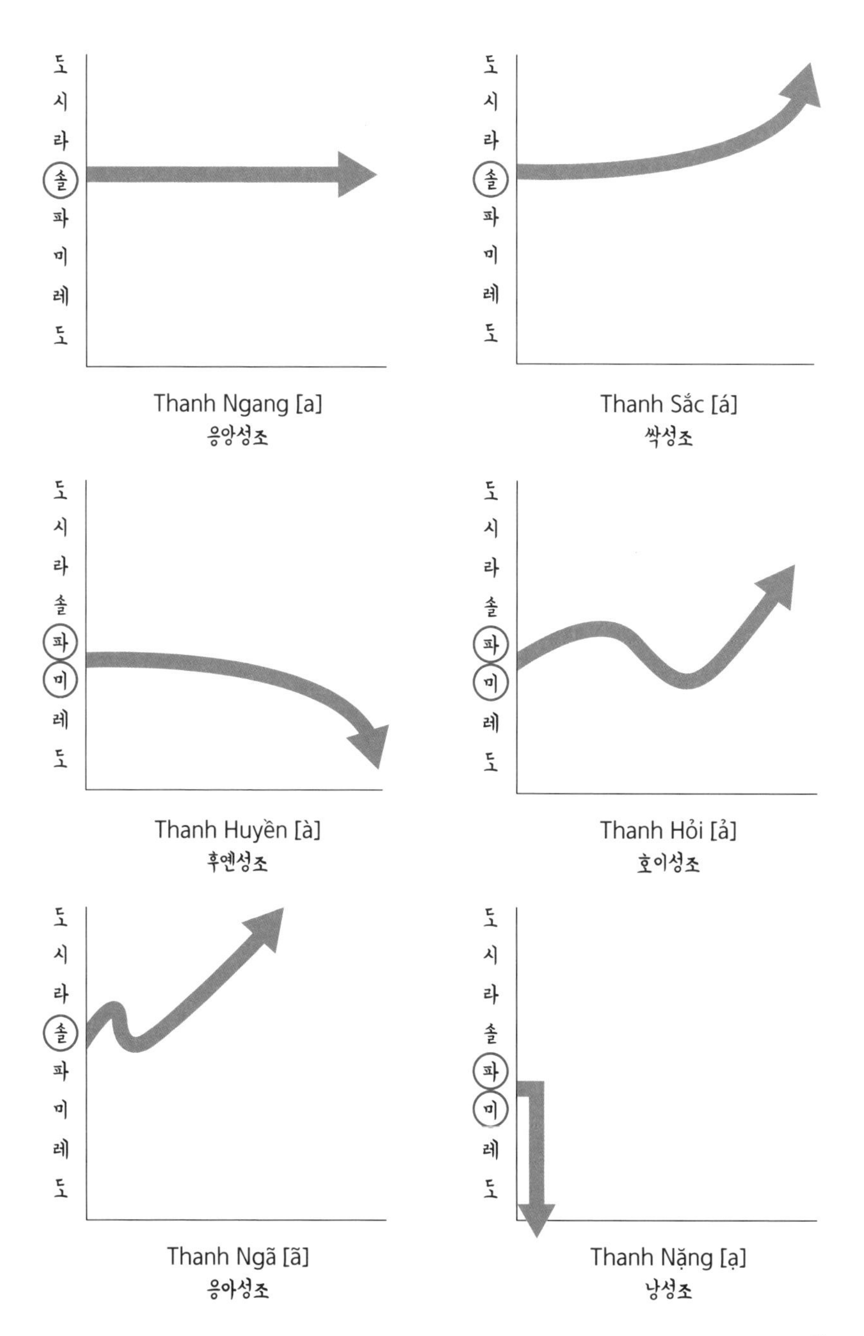

Thanh Ngang [a]
응앙성조

Thanh Sắc [á]
싹성조

Thanh Huyền [à]
후옌성조

Thanh Hỏi [ả]
호이성조

Thanh Ngã [ã]
응아성조

Thanh Nặng [ạ]
낭성조

※ 성조 발음 시 주의할 점

베트남어에서는 질문을 할 때 무조건 문장 끝의 억양을 올려서 말하는 게 아니라 문미에 있는 단어의 성조를 살려서 말합니다. 좀 더 구체적으로 설명하자면, 한국에서는 의문사를 사용하지 않더라도 문장 끝을 올리면 질문이 되고 문장 끝을 내리면 대답이 되지만, 베트남어에서는 의문사를 사용했을 때에만 질문이 되고 이때의 문장 억양은 문미에 있는 단어의 성조를 따라간다고 보시면 됩니다.

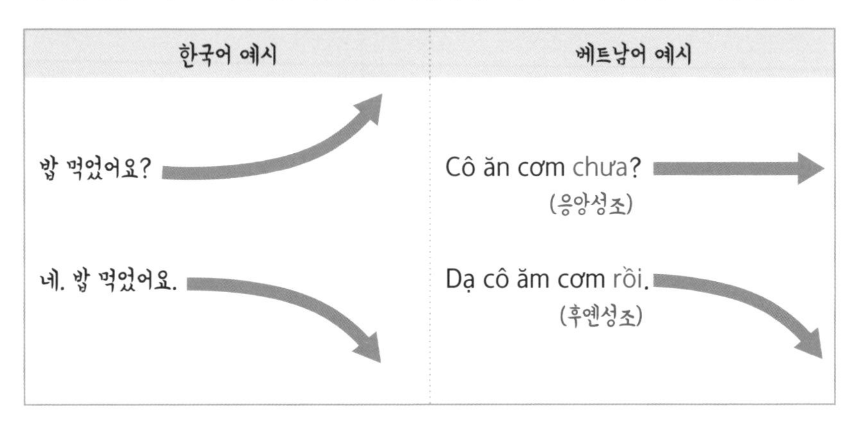

CHAPTER 01

일상생활 속 인사말 하기

DAY 001 ___월 ___일

Xin chào.

안녕하세요.

발음 씬 짜오

① xin = 청하다 / chào = 인사하다, 안녕(영어의 hello 같은 느낌)

② 예의와 공손함을 갖춰 청하는 뉘앙스의 'xin'이라는 말을 'chào(영어로 치면 'hello(안녕)'과 같은 느낌의 인사)' 앞에 붙여서 말하면 '(공손하게 인사를 청하는 뉘앙스의) 안녕하세요'라는 인사말이 됩니다. 주로 처음 만나는 사람에게 잘 씁니다.

MP3를 듣고 따라 말하며 세 번씩 써보기

mp3 007

① 인사하다, 안녕 = chào [짜오]

→ [따라 쓰기] chào | chào | chào | chào | chào

→ [직접 쓰기]

② 안녕하세요. = Xin chào. [씬 짜오]

→ [따라 쓰기] Xin chào. | Xin chào. | Xin chào.

→ [직접 쓰기]

Xin chào các bạn.

여러분, 안녕하세요.

발음 씬 짜오 깍 반

① các(~들)+bạn(친구) → các bạn = 친구들, 여러분

② 'các(~들)'은 셀 수 있는 명사 앞에 붙이는 표현이며, bạn은 '친구'라는 뜻이지만 상대방을 지칭할 때에도 사용할 수 있으므로 các bạn은 '친구들'이라는 뜻 외에 '여러분'이라는 뜻도 될 수 있습니다. ('Xin chào các bạn. = 여러분, 안녕하세요.')

MP3를 듣고 따라 말하며 세 번씩 써보기 mp3 008

① 친구들, 여러분 = các bạn [깍 반]

→ [따라 쓰기] các bạn | các bạn | các bạn | các bạn

→ [직접 쓰기]

② 여러분, 안녕하세요. = Xin chào các bạn. [씬 짜오 깍 반]

→ [따라 쓰기] Xin chào các bạn. | Xin chào các bạn.

→ [직접 쓰기]

DAY 003 ___월 ___일

Chào anh.

형/오빠, 안녕하세요.

발음 짜오 아인(북)/안(남)

① anh = 형/오빠 (남성 손윗사람)

② 앞서 배운 'Xin chào'라는 인사말 외에도 xin 없이 인사를 건네는 상대방의 성별/나이에 맞는 호칭을 부르며 'Chào+호칭. → (ex) Chào anh. = 형/오빠, 안녕하세요.'와 같이 좀 더 친근하게 인사할 수 있습니다.

MP3를 듣고 따라 말하며 세 번씩 써보기

mp3 009

① 형/오빠 (남성 손윗사람) = anh [아인(북)/안(남)]

→ [따라 쓰기] anh | anh | anh | anh | anh

→ [직접 쓰기]

② 형/오빠, 안녕하세요. = Chào anh. [짜오 아인/안]

→ [따라 쓰기] Chào anh. | Chào anh. | Chào anh.

→ [직접 쓰기]

DAY 004 ___월 ___일

Chào chị.

누나/언니, 안녕하세요.

발음 짜오 치(북-찌의 중간발음)/찌(남)

① chị = 누나/언니 (여성 손윗사람)

② '누나/언니'와 같은 여성 손윗사람을 지칭할 땐 chị라는 호칭을 씁니다. 참고로 'Xin chào các anh chị'와 같이 인사하면 앞서 배운 'Xin chào các bạn'보다 좀 더 격식있는 뉘앙스의 '여러분, 안녕하세요'라는 뜻의 인사말이 됩니다.

MP3를 듣고 따라 말하며 세 번씩 써보기 mp3 010

① 누나/언니 (여성 손윗사람) = chị [치/찌]

→ [따라 쓰기] chị | chị | chị | chị | chị

→ [직접 쓰기]

② 누나/언니, 안녕하세요. = Chào chị. [짜오 치/찌]

→ [따라 쓰기] Chào chị. | Chào chị. | Chào chị.

→ [직접 쓰기]

Chào cô.

선생님, 안녕하세요.

발음 짜오 꼬

① cô = 여자 선생님, 고모/이모/숙모(뻘 되는 아주머니)

② cô는 '여자 선생님'을 지칭할 때 쓸 수 있으며, 선생님께 인사할 때에도 'Chào cô. = 선생님, 안녕하세요.'와 같이 인사하면 됩니다. 참고로 결혼한 여성, 고모/이모/숙모뻘 되는 아주머니 등 자신보다 나이 많은 여성을 지칭할 때에도 cô를 쓸 수 있습니다.

MP3를 듣고 따라 말하며 세 번씩 써보기 mp3 011

① 여자 선생님, 고모/이모/숙모(뻘 되는 아주머니) = cô [꼬]

→ [따라 쓰기] cô | cô | cô | cô | cô

→ [직접 쓰기]

② 선생님, 안녕하세요. = Chào cô. [짜오 꼬]

→ [따라 쓰기] Chào cô. | Chào cô. | Chào cô.

→ [직접 쓰기]

DAY 006 ___월 ___일

Chào em.

(손아랫사람에게) 안녕.

발음 짜오 앰

① em = 동생 (손아랫사람)

② em은 남녀 구분 없이 자신보다 나이가 어린 동생, 자신보다 직급이 낮은 사람을 지칭할 때 쓸 수 있는 호칭입니다. 손아랫사람에게 인사할 때에도 chào 뒤에 em이라는 호칭을 넣어서 'Chào em. = (손아랫사람에게) 안녕.'과 같이 인사하면 됩니다.

MP3를 듣고 따라 말하며 세 번씩 써보기 mp3 012

① 동생 (손아랫사람) = em [앰]

→ [따라 쓰기] em | em | em | em | em

→ [직접 쓰기]

② (손아랫사람에게) 안녕. = Chào em. [짜오 앰]

→ [따라 쓰기] Chào em. | Chào em. | Chào em.

→ [직접 쓰기]

DAY 007 ___월 ___일

Tạm biệt.

잘 가요.

발음 땀 비엣

① tạm biệt = 잘 가(요), 안녕, 안녕히 가세요

② tạm biệt은 헤어질 때 하는 인사말입니다. 참고로 인사말 뒤에 인사를 건네는 상대방의 성별/나이에 맞는 호칭을 넣어(ex: Tạm biệt em. = (손아랫사람에게) 잘 가/안녕.) 인사하면 좀 더 자연스럽고 명확한 인사말이 됩니다.

MP3를 듣고 따라 말하며 세 번씩 써보기 mp3 013

① 잘 가(요). = Tạm biệt. [땀 비엣]

→ [따라 쓰기] Tạm biệt. | Tạm biệt.

→ [직접 쓰기]

② (손아랫사람에게) 잘 가. = Tạm biệt em. [땀 비엣 앰]

→ [따라 쓰기] Tạm biệt em. | Tạm biệt em.

→ [직접 쓰기]

DAY 008 ___월 ___일

Hẹn gặp lại.

다시 만나요.

발음 핸 갑 라이

① hẹn = 약속하다 / gặp = 만나다 / lại = 다시

② 'Hẹn gặp lại'라는 말을 직역하면 '다시(lại) 만날(gặp) 것을 약속하다(hẹn)'입니다. 이 말을 한국식으로 자연스럽게 해석하면, '다시 만날 것을 약속하다 → 다시 만나기로 하자 → 다시 만나요'와 같이 생각해 볼 수 있습니다.

MP3를 듣고 따라 말하며 세 번씩 써보기 mp3 014

① 다시 만나다 = gặp lại [갑 라이]

→ [따라 쓰기] gặp lại | gặp lại | gặp lại

→ [직접 쓰기]

② 다시 만나요. = Hẹn gặp lại. [핸 갑 라이]

→ [따라 쓰기] Hẹn gặp lại. | Hẹn gặp lại. | Hẹn gặp lại.

→ [직접 쓰기]

DAY 009 ___월 ___일

Cảm ơn(Cám ơn).

감사해요.

발음 깜 언

① cảm ơn, cám ơn = 감사하다, 고마워하다

② 감사의 인사말인 cảm ơn과 cám ơn은 성조가 조금 다르지만 같은 의미로 사용됩니다. 감사의 인사말 역시 cảm ơn, cám ơn 뒤에 상대방의 호칭을 넣어(ex: Cám ơn cô.= 선생님, 감사해요.) 인사하면 좀 더 자연스럽고 명확합니다.

MP3를 듣고 따라 말하며 세 번씩 써보기

mp3 015

① 여러분, 감사해요. = Cảm ơn các bạn. [깜 언 깍 반] (Cảm ơn으로 써 보기)

→ [따라 쓰기] Cảm ơn các bạn. | Cảm ơn các bạn.

→ [직접 쓰기]

② 선생님, 감사해요. = Cám ơn cô. [깜 언 꼬] (Cám ơn으로 써 보기)

→ [따라 쓰기] Cám ơn cô. | Cám ơn cô. | Cám ơn cô.

→ [직접 쓰기]

DAY 010 ___월 ___일

Không có gì(chi).

천만에요.

발음 컴 꺼 지(찌)

① không có = 없다 / gì, chi = 무엇

② 'không có gì(chi)'를 직역하면 '그 무엇도(gi, chi) 없다(không có)'라는 뜻인데 이는 결국 '그 무엇도 없다 → 아무것도 아니다, 별거 아니다 → 괜찮아요, 천만에요'와 같이 해석될 수 있습니다. 주로 감사 인사에 대해 '천만에요'라고 답할 때 잘 쓰입니다.

MP3를 듣고 따라 말하며 세 번씩 써보기

mp3 016

① 천만에요(괜찮아요). = Không có gì. [컴 꺼 지]

→ [따라 쓰기] Không có gì. | Không có gì.

→ [직접 쓰기]

② 천만에요(괜찮아요). = Không có chi. [컴 꺼 찌]

→ [따라 쓰기] Không có chi. | Không có chi.

→ [직접 쓰기]

DAY 011 ___월 ___일

Xin lỗi.

죄송해요.

발음 씬 로이

① xin = 청하다 / lỗi = 실수, 과실, 잘못

② 예의를 갖춰 공손하게 청하는 뉘앙스의 'xin'을 'lỗi'에 붙여서 xin lỗi라고 하면 '(잘못에 대해) 죄송해요/실례합니다'라는 뜻의 표현이 됩니다. 참고로 상대방의 호칭까지 넣어(ex: Xin lỗi bà. = 할머니, 죄송해요.) 사과하면 좀 더 명확하고 좋습니다.

MP3를 듣고 따라 말하며 세 번씩 써보기 mp3 017

① 죄송해요(실례합니다). = Xin lỗi. [씬 로이]

→ [따라 쓰기] Xin lỗi. | Xin lỗi. | Xin lỗi.

→ [직접 쓰기]

② 할머니, 죄송해요 = Xin lỗi bà. [씬 로이 바]

→ [따라 쓰기] Xin lỗi bà. | Xin lỗi bà. | Xin lỗi bà.

→ [직접 쓰기]

DAY 012 ___월 ___일

Không sao.

괜찮아요.

발음 컴 싸오

① không sao = 괜찮다, 별 문제 없다, 아무것도 아니다

② 'Không sao'는 '괜찮아요, 별 문제 없어요, 아무것도 아니에요'라는 뜻을 가진 표현으로 상대방이 나에게 'Xin lỗi(미안해요/실례합니다)'라고 말했을 때 이에 대해 '괜찮아요'라는 뜻으로 답해줄 수 있는 표현입니다.

MP3를 듣고 따라 말하며 세 번씩 써보기 mp3 018

① 괜찮아요. = Không sao. [컴 싸오]

→ [따라 쓰기] Không sao. | Không sao. | Không sao.

→ [직접 쓰기]

② [대화] 실례합니다. / 괜찮아요. = Xin lỗi. [씬 로이] / Không sao. [컴 싸오]

→ [따라 쓰기] Xin lỗi. | Không sao.

→ [직접 쓰기]

Rất vui được gặp cô.

선생님, 만나서 반가워요.

발음 젓(북)/륵(남) 부이 드억 갑 꼬

① rất = 매우, 아주 / vui = 기쁜 / được = ~하게 되다 / gặp = 만나다

② 위의 말을 그대로 직역하면 '만나게(gặp) 되어(được) 매우(rất) 기쁘다(vui)'입니다. 즉 'Rất vui được gặp = 만나게 되어 매우 기쁘다 → 만나서 반갑다'라는 뜻으로 생각해 볼 수 있겠죠? 이 표현 역시 호칭을 붙여 인사하는 것이 자연스럽습니다.

MP3를 듣고 따라 말하며 세 번씩 써보기 mp3 019

① 선생님, 만나서 반가워요. = Rất vui được gặp cô. [젓/륵 부이 드억 갑 꼬]

→ [따라 쓰기] Rất vui được gặp cô.

→ [직접 쓰기]

② 형/오빠, 만나서 반가워요. = Rất vui được gặp anh. [젓/륵 부이 드억 갑 아인]

→ [따라 쓰기] Rất vui được gặp anh.

→ [직접 쓰기]

TEST

▶ 앞서 배운 베트남어 문장들을 스스로 작문해 보세요. (정답 p240)

① (호칭 없이 공손하게) 안녕하세요.

→

② 여러분, 안녕하세요.

→

③ 형/오빠, 안녕하세요.

→

④ 언니/누나, 안녕하세요.

→

⑤ 선생님, 안녕하세요.

→

⑥ (손아랫사람에게) 안녕.

→

⑦ 잘 가요. / 다시 만나요.

→

⑧ 감사해요. / 천만에요.

→

⑨ 죄송해요. / 괜찮아요.

→

⑩ 선생님, 만나서 반가워요.

→

MEMO

CHAPTER 02

이름, 신분, 관계 말하기

DAY 014 ___월 ___일

Tôi là Kim YeonJin.

저는 김연진입니다.

발음 또이 라 김연진

① 한국어에선 단어가 주어일 땐 '은/는/이/가', 목적어일 땐 '을/를'이라는 격 조사가 붙고, '결정하다, 결정했다, 결정할, 결정된'과 같이 단어의 어미가 변하면서 시제/품사 등이 좌지우지됩니다. 하지만 베트남어 단어는 격조사도 안 붙고, 모양도 안 변합니다. 그렇기 때문에 '단어들이 나열되는 규칙 = 어순'이 매우 중요합니다. 격 조사와 어형 변화가 없는 대신 '어순'으로 단어들의 격/품사와 문장의 의미가 규정되기 때문이죠.

베트남어의 기본 어순은 '주어-서술어-(대상)'입니다.
서술어는 '주어의 행위/상태를 서술하는 모든 것'을 통칭합니다.
대상은 '주어가 행위를 가하는 대상, 주어와 동급인 대상'을 통칭합니다.
[tôi = 나, 내, 저, 제 / là = ~이다, ~이에요, ~입니다]

주어	서술어	대상
Tôi	là	Kim YeonJin.
저	입니다	김연진

Tôi là Kim YeonJin. = [그대로 해석] 저 김연진입니다.
[제대로 해석] 저는 김연진입니다.

② 위에서 볼 수 있듯이 베트남어를 떠올릴 땐 단어 자체에 한국어 문맥에 맞는 격 조사,어형 변화가 모두 포함되어 있다고 생각하시면 편합니다. (ex: tôi = (주어일 때의 '나') 나는, 내가, 저는, 제가 / (대상일 때의 '나') 나를, 저를)

MP3를 듣고 따라 말하며 문장을 반복해서 써 보기

mp3 020

① Tôi là Kim YeonJin.

②

③

④

⑤

응용해서 써 본 뒤 MP3를 듣고 따라 말하기

mp3 021

① 저는 마이입니다(마이라고 합니다). [마이 = Mai]

→

② 저는 주이입니다(주이라고 합니다). [주이 = Duy]

→

① Tôi là Mai.

② Tôi là Duy.

틀린 문장 다시 한 번 써보기

→

DAY 015 ___월 ___일

Tôi tên là Kim YeonJin.

제 이름은 **김연진**이에요.

발음 또이 뗀 라 김연진

① tôi+tên(이름) → tôi tên = 제 이름

주어	서술어	대상
Tôi tên	là	Kim YeonJin.
제 이름	이에요	김연진

Tôi tên là 이름. = 제 이름(은) ~이에요.

Tôi tên là Kim YeonJin. = 제 이름(은) 김연진이에요.

베트남어로 고유 명사를 표기할 땐 각 앞글자를 대문자로 표기해야 합니다.

(ex) 김연진 → kim yeonjin (X) / Kim YeonJin (O)

② 베트남어엔 '나'를 지칭하는 용어가 여럿 있습니다. tôi는 '나'를 지칭하는 가장 기본적인 표현으로 주로 낯선 사람이나 여러 사람 앞, 혹은 동년배와 이야기할 때 사용하며, 나보다 나이 많은 사람과 얘기할 땐 '동생뻘인 나'를 지칭하는 em을 사용합니다.

새로운 표현을 한 번씩 따라 써 본 후 직접 반복해서 써 보기

이름 = tên [뗀]

→ tên |

MP3를 듣고 따라 말하며 문장을 반복해서 써 보기

mp3 022

① Tôi tên là Kim YeonJin.

②

③

④

⑤

응용해서 써 본 뒤 MP3를 듣고 따라 말하기

mp3 023

① 제 이름은 마이예요.

→

② 제 이름은 주이예요.

→

① Tôi tên là Mai.

② Tôi tên là Duy.

틀린 문장 다시 한 번 써보기

→

DAY 016 ___월 ___일

Tôi là sinh viên.

저는 대학생이에요.

발음 또이 라 씬 비엔

① sinh viên = 대학생

주어	서술어	대상
Tôi	là	sinh viên.
저	이에요	대학생

Tôi là 신분. = 저(는) ~이에요.

Tôi là sinh viên. = 저(는) 대학생이에요.

② 앞서 배운 'Tôi là ~(저는 ~이에요)'라는 표현에 나의 직업/신분을 넣어 '저는 ~(라는 직업/신분의 사람)입니다'라고 말할 수 있습니다. 대학생 외에도 '회사원 = nhân viên công ty [년 비엔 꼼 띠]' 등 다양한 직업/신분을 넣어 말해 볼 수 있겠죠?

새로운 표현을 한 번씩 따라 써 본 후 직접 반복해서 써 보기

① 대학생 = sinh viên [씬 비엔]

→ sinh viên |

② 회사원 = nhân viên công ty [년 비엔 꼼 띠]

→ nhân viên công ty |

MP3를 듣고 따라 말하며 문장을 반복해서 써 보기

mp3 024

① Tôi là sinh viên.

②

③

④

⑤

응용해서 써 본 뒤 MP3를 듣고 따라 말하기

mp3 025

① 저는 회사원이에요.

→

② 저는 사업가예요. [사업가 = nhà kinh doanh]

→

① Tôi là nhân viên công ty.

② Tôi là nhà kinh doanh.

틀린 문장 다시 한 번 써보기

→

DAY 017 ___월 ___일

Chị ấy là người Hàn Quốc.

그녀는 **한국 사람**이에요.

발음 찌 어이 라 응어이 한 꾸옥

① chị = 언니/누나 (여성 손윗사람)

ấy = 그, 저 (상대방을 지칭하는 호칭 뒤에 붙어 3인칭을 만드는 관형사)

chị+ấy → chị ấy = 그 언니/누나 ('그녀'라고도 해석 가능)

② người = 사람 / Hàn Quốc = 한국

주어	서술어	대상
Chị ấy	là	người Hàn Quốc.
그녀	이에요	한국 사람

Chị ấy là người 국가명. = 그녀(는) ~(나라) 사람이에요.

Chị ấy là người Hàn Quốc. = 그녀(는) 한국 사람이에요.

새로운 표현을 한 번씩 따라 써 본 후 직접 반복해서 써 보기

① 사람 = người [응어이]

→ người |

② 한국 = Hàn Quốc [한 꾸옥]

→ Hàn Quốc |

MP3를 듣고 따라 말하며 문장을 반복해서 써 보기

mp3 026

① Chị ấy là người Hàn Quốc.

②

③

④

⑤

응용해서 써 본 뒤 MP3를 듣고 따라 말하기

mp3 027

① 그녀는 베트남 사람이에요. [베트남 = Việt Nam]

→

② 그녀는 중국 사람이에요. [중국 = Trung Quốc]

→

① Chị ấy là người Việt Nam.

② Chị ấy là người Trung Quốc.

틀린 문장 다시 한 번 써보기

→

DAY 018 ___월 ___일

Em ấy là sinh viên năm thứ nhất.

걔는 대학교 1학년생이에요.

발음 앰 어이 라 씬 비엔 남 트 녓

① em = (남녀 구분 없이 나보다 어린) 동생

em+ấy → em ấy = 그 동생 ('걔'라고도 해석 가능)

② năm(년(年))+서수 = ~번째 년, ~학년

năm thứ nhất = 1학년, năm thứ hai = 2학년

주어	서술어	대상
Em ấy	là	sinh viên năm thứ nhất.
걔	이에요	대학생 1학년

Em ấy là sinh viên. = 걔(는) 대학생이에요.

Em ấy là sinh viên năm thứ nhất. = 걔(는) 대학생 1학년이에요.

(위의 말은 결국 '걔는 대학교 1학년생이에요'라는 의미로 해석 가능)

새로운 표현을 한 번씩 따라 써 본 후 직접 반복해서 써 보기

1학년, 2학년 = năm thứ nhất [남 트 녓], năm thứ hai [남 트 하이]

→ năm thứ nhất |

→ năm thứ hai |

MP3를 듣고 따라 말하며 문장을 반복해서 써 보기

mp3 028

① Em ấy là sinh viên năm thứ nhất.

②

③

④

⑤

응용해서 써 본 뒤 MP3를 듣고 따라 말하기

mp3 029

① 걔는 대학교 3학년생이에요. [3학년 = năm thứ ba]

→

② 걔는 대학교 4학년생이에요. [4학년 = năm thứ tư]

→

① Em ấy là sinh viên năm thứ ba.

② Em ấy là sinh viên năm thứ tư.

틀린 문장 다시 한 번 써보기

→

DAY 019 ___월 ___일

Tôi và chị ấy là chị em.

저와 그녀는 **자매**예요.

발음 또이 바 찌 어이 라 찌 앰

① và = 그리고 → A và B = A와 B

Tôi+và+chị ấy = 저와 그녀

주어	서술어	대상
Tôi và chị ấy	là	chị em.
저와 그녀	이에요	자매

Tôi và A là 관계. = 저와 A(는) ~(지간)이에요.

Tôi và chị ấy là chị em. = 저와 그녀(는) 자매예요.

② 나의 형제자매 관계를 설명할 땐 'tôi và A(저와 A(나의 형제자매 관계인 가족 구성원))'을 주어로 삼아서 나와 A가 어떤 관계(ex: 자매 = chị em [찌 앰], 형제 = anh em [아인 앰])인지 말하면 됩니다.

새로운 표현을 한 번씩 따라 써 본 후 직접 반복해서 써 보기

자매, 형제 = chị em [찌 앰], anh em [아인 앰]

→ chị em |

→ anh em |

MP3를 듣고 따라 말하며 문장을 반복해서 써 보기

mp3 030

① Tôi và chị ấy là chị em.

②

③

④

⑤

응용해서 써 본 뒤 MP3를 듣고 따라 말하기

mp3 031

① 저와 그는 형제에요. [그 = anh ấy]

→

② 저와 걔는 자매에요. [걔 = em ấy]

→

① Tôi và anh ấy là anh em.

② Tôi và em ấy là chị em.

틀린 문장 다시 한 번 써보기

→

DAY 020 ___월 ___일

Tôi là vợ của anh ấy.

저는 그의 아내예요.

발음 또이 라 붜 꾸어 아인 어이

① của = ~의 → A+của+B = B의 A

vợ = 아내 / anh ấy = 그 형/오빠 ('그 남자, 그'라고도 해석 가능)

vợ+của+anh ấy = 그의 아내

주어	서술어	대상
Tôi	là	vợ của anh ấy.
저	이에요	그의 아내

Tôi là vợ của anh ấy. = 저(는) 그의 아내예요.

② 추가적인 표현을 설명하자면, 별다른 소유 대상을 언급하지 않고 'của(~의)+tôi(나)'라고만 말하면 '내 거야'라는 의미가 됩니다.

새로운 표현을 한 번씩 따라 써 본 후 직접 반복해서 써 보기

① 아내 = vợ [붜]

→ vợ |

② 그 남자의, 그의 = của anh ấy [꾸어 아인 어이]

→ của anh ấy |

MP3를 듣고 따라 말하며 문장을 반복해서 써 보기

mp3 032

① Tôi là vợ của anh ấy.

②

③

④

⑤

응용해서 써 본 뒤 MP3를 듣고 따라 말하기

mp3 033

① 저는 그녀의 남편이에요. [남편 = chồng]

→

② 저는 그의 애인이에요. [애인 = người yêu]

→

① Tôi là chồng của chị ấy.

② Tôi là người yêu của anh ấy.

틀린 문장 다시 한 번 써보기

→

DAY 021 ___월 ___일

Tôi là nhân viên công ty này.

저는 이 회사 직원이에요.

발음 또이 라 년 비엔 꼼 띠 나이

① này = 이(곳), 이(것) (근접한 사물/방향/장소 등을 지칭할 때 쓰는 지시어)

명사+này = 이 ~ → (ex) công ty này = 이 회사

주어	서술어	대상
Tôi	là	nhân viên công ty này.
저	이에요	이 회사 직원

Tôi là nhân viên. = 저(는) 직원이에요.

Tôi là nhân viên công ty này. = 저(는) 이 회사 직원이에요.

② 자신이 '이 회사, 이 식당, 이 가게' 등의 직원이라고 밝힐 땐 'nhân viên+일터+này = 이 ~(라는 일터의) 직원'과 같이 말하면 됩니다.

새로운 표현을 한 번씩 따라 써 본 후 직접 반복해서 써 보기

① 직원 = nhân viên [년 비엔]

→ nhân viên

② 이 회사 = công ty này [꼼 띠 나이]

→ công ty này

MP3를 듣고 따라 말하며 문장을 반복해서 써 보기

mp3 034

① Tôi là nhân viên công ty này.

②

③

④

⑤

응용해서 써 본 뒤 MP3를 듣고 따라 말하기

mp3 035

① 저는 이 식당 직원이에요. [식당 = nhà hàng]

→

② 저는 이 가게 직원이에요. [상점, 가게 = cửa hàng]

→

① Tôi là nhân viên nhà hàng này.

② Tôi là nhân viên cửa hàng này.

틀린 문장 다시 한 번 써보기

→

DAY 022 ___월 ___일

Tôi không phải là giám đốc.

저는 사장이 아니에요.

발음 또이 컴 퐈이 라 쟘 돕

① không = 아니다 (부정을 나타낼 때 사용) / phải = 옳은

không+phải = 옳지 않다

không+phải+là = ~인 것이 옳지 않다 (결국 '~이 아니다'라는 의미)

주어	서술어	대상
Tôi	không phải là	giám đốc.
저	이 아니에요	사장

Tôi không phải là <u>이름/신분</u>. = 저(는) ~이 아니에요.

Tôi không phải là <u>giám đốc</u>.= 저(는) <u>사장</u>이 아니에요.

② phải를 빼먹고 không là라고만 말하면 틀리니 반드시 phải까지 넣어 말해야 합니다.

새로운 표현을 한 번씩 따라 써 본 후 직접 반복해서 써 보기

① 사장 = giám đốc [쟘 돕]

→ giám đốc

② ~이 아니다 = không phải là [컴 퐈이 라]

→ không phải là

MP3를 듣고 따라 말하며 문장을 반복해서 써 보기

mp3 036

① Tôi không phải là giám đốc.

②

③

④

⑤

응용해서 써 본 뒤 MP3를 듣고 따라 말하기

mp3 037

① 저는 가수가 아니에요. [가수 = ca sĩ]

→

② 저는 운전기사가 아니에요. [운전기사 = tài xế]

→

① Tôi không phải là ca sĩ.

② Tôi không phải là tài xế.

틀린 문장 다시 한 번 써보기

→

TEST

▶ 앞서 배운 베트남어 문장들을 스스로 작문해 보세요. (정답 p240)

① 저는 김연진입니다.

→

② 제 이름은 김연진이에요.

→

③ 저는 대학생이에요.

→

④ 걔는 대학교 1학년생이에요.

→

⑤ 그녀는 한국 사람이에요.

→

⑥ 저와 그녀는 자매예요.

→

⑦ 저는 그의 아내예요.

→

⑧ 저는 이 회사 직원이에요.

→

⑨ 저는 사장이 아니에요.

→

⑩ 저는 가수가 아니에요.

→

CHAPTER 03

동작, 행동 말하기

DAY 023 ___월 ___일

Tôi ăn cơm.

저는 밥을 먹어요.

발음 또이 안 껌

① ăn = 먹다 / cơm = 밥

주어	서술어	대상
Tôi	ăn	cơm.
저	먹어요	밥

Tôi ăn 음식. = 저(는) ~(을/를) 먹어요.

Tôi ăn cơm. = 저(는) 밥(을) 먹어요.

② 앞서도 배웠듯이 베트남어는 한국어와 어순이 다릅니다. 한국어는 '주어(나)+대상(밥)+서술어(먹다)'의 어순으로 말하지만 베트남어는 '주어(나)+서술어(먹다)+대상(밥)'의 어순으로 말합니다. 베트남어는 어순이 중요하니 이에 꼭 익숙해지세요.

새로운 표현을 한 번씩 따라 써 본 후 직접 반복해서 써 보기

① 먹다 = ăn [안]

→ ăn

② 밥 = cơm [껌]

→ cơm

MP3를 듣고 따라 말하며 문장을 반복해서 써 보기

mp3 038

① Tôi ăn cơm.

②

③

④

⑤

응용해서 써 본 뒤 MP3를 듣고 따라 말하기

mp3 039

① 저는 아침밥을 먹어요. [아침(밥)을 먹다 = ăn sáng]

→

② 저는 저녁밥을 먹어요. [저녁(밥)을 먹다 = ăn tối]

→

① Tôi ăn sáng.

② Tôi ăn tối.

틀린 문장 다시 한 번 써보기

→

DAY 024 ___월 ___일

Tôi uống nước.

저는 물을 마셔요.

발음 또이 우옹 느억

① uống = 마시다 / nước= 물

주어	서술어	대상
Tôi	uống	nước.
저	마셔요	물

Tôi uống 음료. = 저(는) ~(을/를) 마셔요.

Tôi uống nước. = 저(는) 물(을) 마셔요.

② 'uống(마시다)'은 발음을 [우옹]으로 표기하기는 하지만 이중 모음인 uô가 있기 때문에 [우엉]이라는 느낌으로 발음하는 것이 좀 더 자연스럽습니다. 참고로 nước은 '물' 이외에 '나라, 국적'이라는 뜻도 있으니 문맥에 맞게 잘 쓰도록 주의해야 합니다.

새로운 표현을 한 번씩 따라 써 본 후 직접 반복해서 써 보기

① 마시다 = uống [우옹]

→ uống

② 물 = nước [느억]

→ nước

MP3를 듣고 따라 말하며 문장을 반복해서 써 보기

mp3 040

① Tôi uống nước.

②

③

④

⑤

응용해서 써 본 뒤 MP3를 듣고 따라 말하기

mp3 041

① 저는 맥주를 마셔요. [맥주 = bia]

→

② 저는 커피를 마셔요. [커피 = cà phê]

→

① Tôi uống bia.

② Tôi uống cà phê.

틀린 문장 다시 한 번 써보기

→

DAY 025 ___월 ___일

Tôi mặc áo.

저는 옷을 입어요.

발음 또이 막 아오

① mặc = 입다 / áo= 옷

주어	서술어	대상
Tôi	mặc	áo.
저	입어요	옷

Tôi mặc 의복. = 저(는) ~(을/를) 입어요.

Tôi mặc áo. = 저(는) 옷(을) 입어요.

② mặc은 바지, 치마, 외투 등 다양한 의복을 '입는다'고 말할 때 쓸 수 있는 행위 동사입니다. 참고로 áo는 주로 '상의'를 말할 때 씁니다.

새로운 표현을 한 번씩 따라 써 본 후 직접 반복해서 써 보기

① 입다 = mặc [막]

→ mặc |

② 옷 = áo [아오]

→ áo |

MP3를 듣고 따라 말하며 문장을 반복해서 써 보기

mp3 042

① Tôi mặc áo.

②

③

④

⑤

응용해서 써 본 뒤 MP3를 듣고 따라 말하기

mp3 043

① 저는 바지를 입어요. [바지 = quần]

→

② 저는 외투를 입어요. [외투 = áo khoác]

→

① Tôi mặc quần.

② Tôi mặc áo khoác.

틀린 문장 다시 한 번 써보기

→

DAY 026 ___월 ___일

Tôi xem phim.

저는 영화를 봐요.

발음 또이 쌤 핌

① xem = 보다 / phim = 영화

주어	서술어	대상
Tôi	xem	phim.
저	봐요	영화

Tôi xem 보는 것. = 저(는) ~(을/를) 봐요.

Tôi xem phim. = 저(는) 영화(를) 봐요.

② 베트남어엔 nhìn, ngắm, xem과 같이 '보다'라는 뜻을 가진 단어가 여럿 있습니다. 그중에서도 xem은 영화나 티비 등을 '보다(관람하다)'라는 의미로 쓰고, nhìn은 '(쳐다)보다', ngắm은 '주목(주시)하다'라는 의미에 가깝다고 생각하시면 됩니다.

새로운 표현을 한 번씩 따라 써 본 후 직접 반복해서 써 보기

① 보다 = xem [쌤]

→ xem

② 영화 = phim [핌]

→ phim

MP3를 듣고 따라 말하며 문장을 반복해서 써 보기

mp3 044

① Tôi xem phim.

②

③

④

⑤

응용해서 써 본 뒤 MP3를 듣고 따라 말하기

mp3 045

① 저는 텔레비전을 봐요. [텔레비전 = tivi]

→

② 저는 뉴스를 봐요. [뉴스 = tin tức]

→

① Tôi xem tivi.

② Tôi xem tin tức.

틀린 문장 다시 한 번 써보기

→

Tôi nghe nhạc.

저는 음악을 들어요.

발음 또이 응애 냑

① nghe = 듣다 / nhạc = 음악

주어	서술어	대상
Tôi	nghe	nhạc.
저	들어요	음악

Tôi nghe 듣는 것. = 저(는) ~(을/를) 들어요.

Tôi nghe nhạc. = 저(는) 음악(을) 들어요.

② '음악을 듣는다(nghe)'가 아닌 '음악을 공부한다(học)'고 할 때엔 nhạc이 아닌 âm nhạc(한자어 '음악(音樂)'에 해당하는 단어)을 써서 말합니다. 베트남어는 한자 문화권 기반이므로 이처럼 한자어와 관련된 것이 많습니다.

새로운 표현을 한 번씩 따라 써 본 후 직접 반복해서 써 보기

① 듣다 = nghe [응애]

→ nghe |

② (듣고 즐길 때 말하는) 음악 = nhạc [냑]

→ nhạc |

MP3를 듣고 따라 말하며 문장을 반복해서 써 보기

mp3 046

① Tôi nghe nhạc.

②

③

④

⑤

응용해서 써 본 뒤 MP3를 듣고 따라 말하기

mp3 047

① 저는 라디오를 들어요. [라디오 = radio]

→

② 저는 그 소식을 들었어요. [그 소식 = thông tin đó]

→

① Tôi nghe radio.

② Tôi nghe thông tin đó.

틀린 문장 다시 한 번 써보기

→

Tôi học tiếng Anh.

저는 영어를 배워요.

발음 또이 헙 띠엥 아인

① học = 공부하다, 배우다 / tiếng Anh = 영어

주어	서술어	대상
Tôi	học	tiếng Anh.
저	배워요	영어

Tôi học 배우는 것. = 저(는) ~(을/를) 배워요.

Tôi học tiếng Anh. = 저(는) 영어(를) 배워요.

② 앞서 DAY 027에서도 언급했었던 것과 같이, '음악'을 배운다고 할 경우엔 듣고 즐길 때 말하는 '음악'를 뜻하는 nhạc이라는 단어가 아닌 âm nhạc(한자어 '음악(音樂)'에 해당)이라는 단어를 써서 말해야 합니다.

새로운 표현을 한 번씩 따라 써 본 후 직접 반복해서 써 보기

① 배우다, 공부하다 = học [협]

→ học

② 영어 = tiếng Anh [띠엥 아인]

→ tiếng Anh

MP3를 듣고 따라 말하며 문장을 반복해서 써 보기

mp3 048

① Tôi học tiếng Anh.

②

③

④

⑤

응용해서 써 본 뒤 MP3를 듣고 따라 말하기

mp3 049

① 저는 한자를 공부해요. [한자 = Hán tự]

→

② 저는 경영을 공부해요. [경영 = kinh doanh]

→

① Tôi học Hán tự.

② Tôi học kinh doanh.

틀린 문장 다시 한 번 써보기

→

DAY 029 ___월 ___일

Tôi viết nhật ký.

저는 일기를 써요.

발음 또이 비엗 녇 끼

① viết = 쓰다 / nhật ký = 일기

주어	서술어	대상
Tôi	viết	nhật ký.
저	써요	일기

Tôi viết 쓰는 것. = 저(는) ~(을/를) 써요.

Tôi viết nhật ký. = 저(는) 일기(를) 써요.

② 발음 주의! Việt(베트남)은 모음 아래에 성조 부호가 있는 '낭성조(ệ)'이기 때문에 음을 급격하게 꺾듯이 아래로 내리며 발음하는데, viết(쓰다)은 '싹성조(ế)'이기 때문에 기준음('솔' 음)에서 부드럽게 음을 위로 올리듯 발음합니다.

새로운 표현을 한 번씩 따라 써 본 후 직접 반복해서 써 보기

① 쓰다 = viết [비엗]

→ viết |

② 일기 = nhật ký [녇 끼]

→ nhật ký |

MP3를 듣고 따라 말하며 문장을 반복해서 써 보기

mp3 050

① Tôi viết nhật ký.

②

③

④

⑤

응용해서 써 본 뒤 MP3를 듣고 따라 말하기

mp3 051

① 저는 베트남어 알파벳을 써요. [알파벳 = chữ, 베트남어 = tiếng Việt]

→

② 저는 편지를 써요. [편지 = thư]

→

① Tôi viết chữ tiếng Việt.

② Tôi viết thư.

틀린 문장 다시 한 번 써보기

→

DAY 030 ___월 ___일

Tôi mua túi xách.

저는 가방을 사요.

발음 또이 무어 뚜이 싸익

① mua = 사다 / túi xách = 가방

주어	서술어	대상
Tôi	mua	túi xách.
저	사요	가방

Tôi mua 사는 것. = 저(는) ~(을/를) 사요.

Tôi mua túi xách. = 저(는) 가방(을) 사요.

② mua는 있는 그대로 발음하면 [무아]이지만 앞서 배웠듯이 ua[우아]는 자음이 앞에 오면 [우어]라고 발음되는 불규칙 이중 모음이기 때문에 mua는 [무아]가 아닌 [무어]라고 발음하게 됩니다.

새로운 표현을 한 번씩 따라 써 본 후 직접 반복해서 써 보기

① 사다 = mua [무어]

→ mua

② 가방 = túi xách [뚜이 싸익]

→ túi xách

MP3를 듣고 따라 말하며 문장을 반복해서 써 보기

mp3 052

① Tôi mua túi xách.

②

③

④

⑤

응용해서 써 본 뒤 MP3를 듣고 따라 말하기

mp3 053

① 저는 핸드폰을 사요. [핸드폰 = điện thoại]

→

② 저는 화장품을 사요. [화장품 = mỹ phẩm]

→

① Tôi mua điện thoại.

② Tôi mua mỹ phẩm.

틀린 문장 다시 한 번 써보기

→

DAY 031 ___월 ___일

Tôi bán hoa quả/trái cây.

저는 과일을 팔아요.

발음 또이 반 호아 꾸아/짜이 꺼이

① bán = 팔다 / (북) hoa quả, (남) trái cây = 과일

주어	서술어	대상
Tôi	bán	hoa quả/trái cây.
저	팔아요	과일

Tôi bán 파는 것. = 저(는) ~(을/를) 팔아요.

Tôi bán hoa quả/trái cây. = 저(는) 과일(을) 팔아요.

② 베트남어는 북부 지역, 남부 지역별로 다르게 말하는 어휘가 많습니다. 예를 들어 과일의 경우 북부 지역에서는 'hoa quả [호아 꾸아]'라고 지칭하고, 남부 지역에서는 'trái cây [짜이 꺼이]'라고 지칭합니다.

새로운 표현을 한 번씩 따라 써 본 후 직접 반복해서 써 보기

① 팔다 = bán [반]

→ bán

② 과일 = (북) hoa quả [호아 꾸아], (남) trái cây [짜이 꺼이]

→ hoa quả, trái cây

MP3를 듣고 따라 말하며 문장을 반복해서 써 보기

mp3 054

① Tôi bán hoa quả. / Tôi bán trái cây.

②

③

④

⑤

응용해서 써 본 뒤 MP3를 듣고 따라 말하기

mp3 055

① 저는 채소를 팔아요. [채소 = rau]

→

② 저는 신발을 팔아요. [신발 = giày dép]

→

① Tôi bán rau.

② Tôi bán giày dép.

틀린 문장 다시 한 번 써보기

→

DAY 032 ___월 ___일

Tôi đi mua sắm.

저는 쇼핑하러 가요.

발음 또이 디 무어 쌈

① đi = 가다 / mua sắm = 쇼핑하다

đi+동사 = ~하러 가다

đi mua sắm = 쇼핑하러 가다

주어	서술어
Tôi	đi mua sắm.
저	쇼핑하러 가요

Tôi đi 동사. = 저(는) ~하러 가요.

Tôi đi mua sắm. = 저(는) 쇼핑하러 가요.

② 베트남어엔 'đi(가다)+mua sắm(쇼핑하다) = đi mua sắm(쇼핑하러 가다)'와 같이 동사 뒤에 또 다른 동사가 붙어서 새로운 동사 표현을 만드는 경우가 많습니다. 또 다른 예로는 'mua(사다)+bán(팔다) = mua bán(사고팔다)'와 같은 것이 있습니다.

새로운 표현을 한 번씩 따라 써 본 후 직접 반복해서 써 보기

쇼핑하러 가다 = đi mua sắm [디 무어 쌈]

→ đi mua sắm

MP3를 듣고 따라 말하며 문장을 반복해서 써 보기

mp3 056

① Tôi đi mua sắm.

②

③

④

⑤

응용해서 써 본 뒤 MP3를 듣고 따라 말하기

mp3 057

① 저는 놀러 가요. [놀다 = chơi]

→

② 저는 여행하러 가요. [여행하다 = du lịch]

→

① Tôi đi chơi.

② Tôi đi du lịch.

틀린 문장 다시 한 번 써보기

→

DAY 033 ___월 ___일

Tôi nấu ăn.

저는 요리해요.

발음 또이 너우 안

① nấu = (~라는 음식을) 짓다, 요리하다 / ăn = 먹다

nấu+ăn = 음식을 지어 먹는 행위를 하다 → 요리하다

주어	서술어
Tôi	nấu ăn.
저	요리해요

Tôi nấu ăn. = 저(는) 요리해요.

② nấu라는 동사는 이 뒤에 '밥(cơm)'과 같은 구체적인 요리 대상을 넣어 'nấu cơm(밥을 짓다)'와 같이 말할 수 있는 동사인데요. 그런데 이 뒤에 'ăn(먹다)'라는 또 다른 동사를 붙이면 'nấu((~라는 음식을) 짓다, 요리하다)+ăn(먹다) → nấu ăn(음식을 지어 먹는 행위를 하다) = 요리하다'라는 동사 표현이 됩니다.

[또 다른 예] lái((~을/를) 몰다)+xe(차) = 운전하다

tập((~을/를) 연습하다)+thể dục(체육) = 운동하다

새로운 표현을 한 번씩 따라 써 본 후 직접 반복해서 써 보기

요리하다 = nấu ăn [너우 안]

→ nấu ăn

MP3를 듣고 따라 말하며 문장을 반복해서 써 보기

mp3 058

① Tôi nấu ăn.

②

③

④

⑤

응용해서 써 본 뒤 MP3를 듣고 따라 말하기

mp3 059

① 저는 운전해요. [운전하다 = lái xe]

→

② 저는 운동해요. [운동하다 = tập thể dục]

→

① Tôi lái xe.

② Tôi tập thể dục.

틀린 문장 다시 한 번 써보기

→

DAY 034 ___월 ___일

Tôi yêu gia đình.

저는 가족을 사랑해요.

발음 또이 이우 지아 디인

① yêu = 사랑하다 / gia đình = 가족

주어	서술어	대상
Tôi	yêu	gia đình.
저	사랑해요	가족

Tôi yêu 사랑의 대상. = 저(는) ~(을/를) 사랑해요.

Tôi yêu gia đình. = 저(는) 가족(을) 사랑해요.

② 만약 상대방을 향해 '나는 당신을 사랑한다'고 말할 경우, '나 = 남자 / 당신 = 여자친구, 아내'일 땐 '나 = ahn / 당신 = em'이란 호칭을 써야 하고, '나 = 여자 / 당신 = 남자친구, 남편'일 땐 '나 = em / 당신 = ahn'이라는 호칭을 써야 합니다.

새로운 표현을 한 번씩 따라 써 본 후 직접 반복해서 써 보기

① 사랑하다 = yêu [이우]

→ yêu

② 가족 = gia đình [지아 디인]

→ gia đình

MP3를 듣고 따라 말하며 문장을 반복해서 써 보기

mp3 060

① Tôi yêu gia đình.

②

③

④

⑤

응용해서 써 본 뒤 MP3를 듣고 따라 말하기

mp3 061

① 저는 당신을 사랑해요. [남자 → 여자]

→

② 저는 당신을 사랑해요. [여자 → 남자]

→

① Anh yêu em.

② Em yêu anh.

틀린 문장 다시 한 번 써보기

→

DAY 035 ___월 ___일

Tôi đang làm bài tập.

저는 숙제를 하고 있어요.

발음 또이 당 람 바이 땁

① đang = ~하는 중이다

làm = 하다, 만들다 / bài tập = 숙제, 과제

주어	서술어	대상
Tôi	đang làm	bài tập.
저	하고 있어요	숙제

Tôi làm 대상. = 저(는) ~(을/를) 해요.

Tôi đang làm 대상. = 저(는) ~(을/를) 하고 있어요.

Tôi đang làm bài tập. = 저(는) 숙제(를) 하고 있어요.

② đang은 동사 앞에 붙어서 '~하고 있다'라는 진행형 시제를 만드는 역할을 합니다.

새로운 표현을 한 번씩 따라 써 본 후 직접 반복해서 써 보기

① 하다 = làm [람]

→ làm

② 숙제, 과제 = bài tập [바이 땁]

→ bài tập

MP3를 듣고 따라 말하며 문장을 반복해서 써 보기

mp3 062

① Tôi đang làm bài tập.

②

③

④

⑤

응용해서 써 본 뒤 MP3를 듣고 따라 말하기

mp3 063

① 저는 김치를 만들고 있어요. [김치 = kim-chi]

→

② 저는 밥을 짓고 있어요. [밥 = cơm]

→

① Tôi đang làm kim-chi.

② Tôi đang nấu cơm.

틀린 문장 다시 한 번 써보기

→

TEST

▶ 앞서 배운 베트남어 문장들을 스스로 작문해 보세요. (정답 p240)

① 저는 밥을 먹어요.

→

② 저는 물을 마셔요.

→

③ 저는 옷을 입어요.

→

④ 저는 영화를 봐요.

→

⑤ 저는 음악을 들어요/배워요.

→

⑥ 저는 가방을 사요/팔아요.

→

⑦ 저는 쇼핑하러 가요.

→

⑧ 저는 요리해요.

→

⑨ 저는 가족을 사랑해요.

→

⑩ 저는 숙제를 하고 있어요.

→

CHAPTER 04

존재, 위치, 장소 말하기

DAY 036 ___월 ___일

Tôi đang ở nhà.

저는 집에 있어요.

발음 또이 당 어 냐

① ở = [동사] 있다, [전치사] ~에(서) / nhà = 집

일단 '동사'의 사용 예시부터 보도록 하겠습니다.

주어	서술어	장소
Tôi	ở	nhà.
저	있어요	집

Tôi ở 장소. = 저(는) ~(에) 있어요.

Tôi ở nhà. = 저(는) 집(에) 있어요.

② '막연히 어딘가에 있다'라고 하는 것이 아니라 '현재' 어딘가에 있다고 말하고 싶을 땐 앞서 배웠던 'đang(~하는 중이다)'라는 현재 진행 시제 표현을 동사 'ở' 앞에 붙여서 아래와 같이 말하면 됩니다.

Tôi ở nhà. = 저(는) 집(에) 있어요.

Tôi đang ở nhà. = 저(는) (현재) 집(에) 있어요.

새로운 표현을 한 번씩 따라 써 본 후 직접 반복해서 써 보기

집 = nhà [냐]

→ nhà

MP3를 듣고 따라 말하며 문장을 반복해서 써 보기

mp3 064

① Tôi đang ở nhà.

②

③

④

⑤

응용해서 써 본 뒤 MP3를 듣고 따라 말하기

mp3 065

① 저는 화장실에 있어요. [화장실 = nhà vệ sinh / phòng vệ sinh]

→

② 저는 학교에 있어요. [학교 = trường]

→

① Tôi đang ở nhà vệ sinh/phòng vệ sinh.

② Tôi đang ở trường.

틀린 문장 다시 한 번 써보기

→

DAY 037 ___월 ___일

Hoa quả/Trái cây ở trên cái bàn.

과일이 탁자 위에 있어요.

발음 호아 꾸아/짜이 꺼이 어 쩬 까이 반

① trên = 위(에)

cái bàn = 탁자 / (북) hoa quả, (남) trái cây = 과일

trên+장소= ~ 위(에) → (ex) trên cái bàn = 탁자 위에

주어	서술어	장소
Hoa quả/Trái cây	ở	trên cái bàn.
과일	있어요	탁자 위에

A ở trên 장소. = A(는) ~ 위에 있어요.

Hoa quả/Trái cây ở trên 장소. = 과일(이) ~위에 있어요.

Hoa quả/Trái cây ở trên cái bàn. = 과일(이) 탁자 위에 있어요.

② 어떠한 사물이나 사람을 막연히 어떤 장소'에' 있다고 말하는 것이 아니라 정확히 '어떤 위치(ex: 위/아래/안/바깥)에' 있는지까지 말하고자 할 땐 trên과 같은 다양한 위치 전치사를 활용하여 말할 수 있습니다.

새로운 표현을 한 번씩 따라 써 본 후 직접 반복해서 써 보기

탁자 = cái bàn [까이 반]

→ cái bàn |

MP3를 듣고 따라 말하며 문장을 반복해서 써 보기

mp3 066

① Hoa quả/Trái cây ở trên cái bàn.

②

③

④

⑤

응용해서 써 본 뒤 MP3를 듣고 따라 말하기

mp3 067

① 책이 탁자 위에 있어요. [책 = quyển sách]

→

② 내 돈은 탁자 위에 있어요. [돈 = tiền]

→

① Quyển sách ở trên cái bàn.

② Tiền của tôi ở trên cái bàn.

틀린 문장 다시 한 번 써보기

→

DAY 038 ___월 ___일

Mẹ/Má của tôi đang ở trong phòng.

저희 어머니는 방 안에 계세요.

발음 매/마 꾸어 또이 당 어 쫑 퐁

① trong = 안(에) / phòng = 방 / (북) mẹ, (남) má = 어머니

trong+장소 = ~ 안(에) → (ex) trong phòng = 방 안에

나의(저희) 어머니 = mẹ/má(어머니)+của(~의)+tôi(나) → mẹ/má của tôi

주어	서술어	장소
Mẹ/Má của tôi	ở	trong phòng.
저희 어머니	계세요	방 안에

A ở trong 장소. = A(는) ~ 안에 있어요.

Mẹ/Má của tôi ở trong phòng. = 저희 어머니(는) 방 안에 계세요.

② '(현재) 방 안에 계신다'고 하려면 'đang ở trong phòng'이라고 하면 되겠죠?

새로운 표현을 한 번씩 따라 써 본 후 직접 반복해서 써 보기

① 나의(저희) 어머니 = mẹ/má của tôi [매/마 꾸어 또이]

→ mẹ/má của tôi

② 방 = phòng [퐁]

→ phòng

MP3를 듣고 따라 말하며 문장을 반복해서 써 보기

mp3 068

① Mẹ/Má của tôi đang ở trong phòng.

②

③

④

⑤

응용해서 써 본 뒤 MP3를 듣고 따라 말하기

mp3 069

① 우리 할아버지는 방 안에 계세요. [할아버지 = ông]

→

② 우리 오빠는 방 안에 있어요. [오빠 = anh trai]

→

① Ông của tôi đang ở trong phòng.

② Anh trai của tôi đang ở trong phòng.

틀린 문장 다시 한 번 써보기

→

DAY 039 ___월 ___일

Bố của tôi đang không có ở nhà.

저희 아버지는 집에 안 계세요.

발음 보 꾸어 또이 당 컴 꺼 어 냐

① không = 아니다 / có = 있다, 존재하다

không+có → 존재하지 않다, 없다

không có ở = 안 있다

나의(저희) 아버지 = bố(아버지)+của(~의)+tôi(나) → bố của tôi

주어	서술어	장소
Bố của tôi	không có ở	nhà.
저희 아버지	안 계세요	집

A không có ở 장소. = A(는) ~(에) 안 있어요.

Bố của tôi không có ở nhà. = 저희 아버지(는) 집(에) 안 계세요.

② không có라는 표현이 동사 'ở(있다)' 앞에 오게 되면 'không có ở = 안 있다'라고 부정하는 표현이 됩니다. 그리고 '(현재) 집에 안 계신다'고 말하려면 'đang không có ở nhà' 라고 말하면 되겠죠?

새로운 표현을 한 번씩 따라 써 본 후 직접 반복해서 써 보기

나의(저희) 아버지 = bố của tôi [보 꾸어 또이]

→ bố của tôi

MP3를 듣고 따라 말하며 문장을 반복해서 써 보기 mp3 070

① Bố của tôi đang không có ở nhà.

②

③

④

⑤

응용해서 써 본 뒤 MP3를 듣고 따라 말하기 mp3 071

① 저희 어머니는 집에 안 계세요. [어머니 = (북) mẹ / (남) má]

→

② 우리 언니는 집에 없어요. [언니 = chị gái]

→

① Mẹ/Má của tôi đang không có ở nhà.

② Chị gái của tôi đang không có ở nhà.

틀린 문장 다시 한 번 써보기

→

DAY 040 ___월___일

Tôi làm việc ở công ty Hàn Quốc.

저는 한국 회사에서 일해요.

발음 또이 람 비엑 어 꼼 띠 한 꾸옥

① làm(하다)+việc(일, 업무) → làm việc = 일하다

công ty(회사)+Hàn Quốc(한국) → công ty Hàn Quốc = 한국 회사

주어	서술어	장소
Tôi	làm việc	ở công ty Hàn Quốc.
저	일해요	한국 회사에서

A 서술어 ở 장소. = A(는) ~에서 ~해요.

Tôi làm việc ở 장소. = 저(는) ~에서 일해요.

Tôi làm việc ở công ty Hàn Quốc. = 저(는) 한국 회사에서 일해요.

② 위에서 ở는 '~에(서)'라는 뜻의 전치사로 사용되어 'ở 명사(장소) = ~에서'라고 활용되었습니다. 참고로 làm việc 외에도 sống(살다), học(공부하다)와 같은 다양한 동사를 활용해 '저는 ~에(서) 살아요/공부해요'와 같이 응용하여 말할 수 있습니다.

새로운 표현을 한 번씩 따라 써 본 후 직접 반복해서 써 보기

일하다 = làm việc [람 비엑]

→ làm việc

MP3를 듣고 따라 말하며 문장을 반복해서 써 보기

mp3 072

① Tôi làm việc ở công ty Hàn Quốc.

②

③

④

⑤

응용해서 써 본 뒤 MP3를 듣고 따라 말하기

mp3 073

① 저는 외국 회사에서 일해요. [외국 = nước ngoài]

→

② 저는 무역회사에서 일해요. [무역 = thương mại]

→

① Tôi làm việc ở công ty nước ngoài.

② Tôi làm việc ở công ty thương mại.

틀린 문장 다시 한 번 써보기

→

TEST

▶ 앞서 배운 베트남어 문장들을 스스로 작문해 보세요. (정답 p240)

① 저는 집에 있어요.

→

② 저는 화장실에 있어요.

→

③ 과일이 탁자 위에 있어요.

→

④ 내 돈이 탁자 위에 있어요.

→

⑤ 저희 어머니는 방 안에 계세요.

→

⑥ 우리 오빠는 방 안에 있어요.

→

⑦ 저희 아버지는 집에 안 계세요.

→

⑧ 우리 언니는 집에 없어요.

→

⑨ 저는 한국 회사에서 일해요.

→

⑩ 저는 무역 회사에서 일해요.

→

CHAPTER 05

소유물, 가족, 지인 말하기

DAY 041 ___월 ___일

Tôi có điện thoại.

저는 전화기가 있어요.

발음 또이 꺼 디엔 토아이

① có = 가지고 있다, 존재하다(있다) / điện thoại = 전화기

주어	서술어	대상
Tôi	có	điện thoại.
저	가지고 있어요	전화기

A có 소유물. = A(는) ~(을/를) 가지고 있어요.

Tôi có điện thoại. = 저(는) 전화기(를) 가지고 있어요.

위의 말은 결국 아래와 같이 해석 가능합니다.

Tôi có điện thoại. = 저(는) 전화기(가) 있어요.

② 베트남어로 '전화기(điện thoại)'와 '핸드폰(điện thoại di động)'은 서로 다른 어휘지만, 요즘에는 핸드폰을 말할 때 간단히 điện thoại라고도 하며 간판과 명함에는 đt/dt처럼 약자로 기재한 경우가 굉장히 많습니다.

새로운 표현을 한 번씩 따라 써 본 후 직접 반복해서 써 보기

전화기 = điện thoại [디엔 토아이]

→ điện thoại |

MP3를 듣고 따라 말하며 문장을 반복해서 써 보기 mp3 074

① Tôi có điện thoại.

②

③

④

⑤

응용해서 써 본 뒤 MP3를 듣고 따라 말하기 mp3 075

① 저는 애인이 있어요. [애인 = người yêu]

→

② 저는 아들이 있어요. [아들 = con trai]

→

① Tôi có người yêu.

② Tôi có con trai.

틀린 문장 다시 한 번 써보기

→

Tôi có một em gái.

저는 여동생이 한 명 있어요.

발음 또이 꺼 못 앰 가이

① một = 하나 / em gái = 여동생

một+명사 = 한 개(명)의 ~ → (ex) một em gái = 한 명의 여동생

주어	서술어	대상
Tôi	có	một em gái.
저	있어요	한 명의 여동생

A có một 명사. = A(는) 한 개/명의 ~(이/가) 있어요.

Tôi có một em gái. = 저(는) 한 명의 여동생(이) 있어요.

위의 말은 결국 아래와 같이 해석 가능합니다.

Tôi có một em gái. = 저(는) 여동생(이) 한 명 있어요.

② 사물이나 사람 앞에 '숫자'를 붙여서 말하면 정확히 몇 개(명)가 있는지 말할 수 있습니다. 예를 들어 형제자매가 몇인지 말할 땐 '누나/언니(chị gái), 형/오빠(anh trai), 여동생(em gái), 남동생(em trai)' 앞에 숫자를 붙여서 말하면 됩니다.

새로운 표현을 한 번씩 따라 써 본 후 직접 반복해서 써 보기

여동생 = em gái [앰 가이]

→ em gái |

MP3를 듣고 따라 말하며 문장을 반복해서 써 보기

mp3 076

① Tôi có một em gái.

②

③

④

⑤

응용해서 써 본 뒤 MP3를 듣고 따라 말하기

mp3 077

① 저는 남동생이 두 명 있어요. [둘 = hai, 남동생 = em trai]

→

② 저는 누나가 두 명 있어요. [둘 = hai, 누나 = chị gái]

→

① Tôi có hai em trai.

② Tôi có hai chị gái.

틀린 문장 다시 한 번 써보기

→

DAY 043 ___월 ___일

Tôi có nhiều bạn.

저는 친구가 많이 있어요.

발음 또이 꺼 니에우 반

① nhiều = 많은(많다) / bạn = 친구

nhiều+명사 = 많은 ~ → (ex) nhiều bạn = 많은 친구

주어	서술어	대상
Tôi	có	nhiều bạn.
저	있어요	많은 친구

A có nhiều 명사. = A(는) 많은 ~(이/가) 있어요.

Tôi có nhiều bạn. = 저(는) 많은 친구(가) 있어요.

위의 말은 아래와 같이 해석 가능합니다.

Tôi có nhiều bạn. = 저(는) 친구(가) 많이 있어요.

② nhiều는 '많은'이라는 뜻을 지닌 형용사이며 보통 명사 앞에 위치합니다. 참고로 '많은'이 아닌 '적은'이라고 할 땐 ít(적은/적다)를 써서 말하면 됩니다.

새로운 표현을 한 번씩 따라 써 본 후 직접 반복해서 써 보기

친구 = bạn [반]

→ bạn |

MP3를 듣고 따라 말하며 문장을 반복해서 써 보기

mp3 078

① Tôi có nhiều bạn.

②

③

④

⑤

응용해서 써 본 뒤 MP3를 듣고 따라 말하기

mp3 079

① 저는 옷이 많아요. [옷 = quần áo]

→

② 저는 일이 많아요. [일 = việc]

→

① Tôi có nhiều quần áo.

② Tôi có nhiều việc.

틀린 문장 다시 한 번 써보기

→

Tôi không có thời gian.

저는 시간이 없어요.

발음 또이 컴 꺼 터이 지안

① không = 아니다

không+có= 있지 않다 / thời gian = 시간

주어	서술어	대상
Tôi	không có	thời gian.
저	있지 않아요	시간

A không có 소유물. = A(는) ~(이/가) 있지 않아요.

Tôi không có thời gian. = 저(는) 시간(이) 있지 않아요.

위의 말은 결국 아래와 같이 해석 가능합니다.

Tôi không có thời gian. = 저(는) 시간(이) 없어요.

② 앞서 배웠듯이 '아니다'라는 부정의 뜻을 가진 không을 동사 có 앞에 붙여서 không có라고 말하게 되면 '있지 않아 = 없다'라는 뜻이 됩니다.

새로운 표현을 한 번씩 따라 써 본 후 직접 반복해서 써 보기

시간 = thời gian [터이 지안]

→ thời gian |

MP3를 듣고 따라 말하며 문장을 반복해서 써 보기

mp3 080

① Tôi không có thời gian.

②

③

④

⑤

응용해서 써 본 뒤 MP3를 듣고 따라 말하기

mp3 081

① 저는 향수가 없어요. [향수 = nước hoa]

→

② 저는 노트북이 없어요. [노트북 = máy tính xách tay / lap top]

→

① Tôi không có nước hoa.

② Tôi không có máy tính xách tay / lap top.

틀린 문장 다시 한 번 써보기

→

DAY 045 ___월 ___일

Đây là túi xách của tôi.

이것은 나의 가방이에요.

발음 더이 라 뚜이 싸익 꾸어 또이

① đây = [대명사] 여기, 이것 / túi xách = 가방

túi xách+của(~의)+tôi(나) → túi xách của tôi = 나의 가방

주어	서술어	대상
Đây	là	túi xách của tôi.
이것	이에요	나의 가방

Đây là 사물. = 이것(은) ~이에요.

Đây là 명사+của+tôi. = 이것(은) 나의 ~이에요.

Đây là túi xách của tôi. = 이것(은) 나의 가방이에요.

② 앞서 배운 'Tôi có 소유물(나는 ~이/가 있어요)' 대신 'Đây là 명사+của+tôi(이것은 나의 ~이에요)'로도 자신이 소유한 것을 말할 수 있습니다. 참고로 đây가 '사물'을 지칭할 땐 '이것', '사람'을 지칭할 땐 '이분'으로 해석됩니다.

새로운 표현을 한 번씩 따라 써 본 후 직접 반복해서 써 보기

가방 = túi xách [뚜이 싸익]

→ túi xách

MP3를 듣고 따라 말하며 문장을 반복해서 써 보기

mp3 082

① Đây là túi xách của tôi.

②

③

④

⑤

응용해서 써 본 뒤 MP3를 듣고 따라 말하기

mp3 083

① 이분은 저의 남자친구예요. [남자친구 = bạn trai]

→

② 이분은 저의 여자친구예요. [여자친구 = bạn gái]

→

① Đây là bạn trai của tôi.

② Đây là bạn gái của tôi.

틀린 문장 다시 한 번 써보기

→

TEST

▶ 앞서 배운 베트남어 문장들을 스스로 작문해 보세요. (정답 p241)

① 저는 전화기가 있어요.

→

② 저는 애인이 있어요.

→

③ 저는 여동생이 한 명 있어요.

→

④ 저는 남동생이/누나가 두 명 있어요.

→

⑤ 저는 친구가 많아요.

→

⑥ 저는 일이 많아요.

→

⑦ 저는 시간이 없어요.

→

⑧ 저는 노트북이 없어요.

→

⑨ 이것은 나의 가방이에요.

→

⑩ 이분은 저의 남자친구/여자친구예요.

→

CHAPTER 06

시간, 날짜, 나이, 키 말하기

DAY 046 ___월 ___일

Bây giờ là mười hai giờ.

지금은 12시예요.

발음 버이 저/여 라 므어이 하이 저/여

① bây giờ = 지금 (북부 발음 [버이 저], 남부 발음 [버이 여]) / giờ = 시

주어	서술어	대상
Bây giờ	là	mười hai giờ.
지금	이에요	12시

Bây giờ là 숫자 giờ. = 지금(은) ~시예요.

Bây giờ là mười hai giờ. = 지금(은) 12시예요.

② 베트남어로 1부터 12까지의 숫자는 아래와 같이 말합니다.

1	2	3	4	5	6
một [못]	hai [하이]	ba [바]	bốn [본]	năm [남]	sáu [싸우]
7	8	9	10	11	12
bảy [(북)버이/(남)바이]	tám [땀]	chín [찐]	mười [므어이]	mười một [므어이 못]	mười hai [므어이 하이]

새로운 표현을 한 번씩 따라 써 본 후 직접 반복해서 써 보기

지금 = bây giờ [버이 저/여]

→ bây giờ |

MP3를 듣고 따라 말하며 문장을 반복해서 써 보기

mp3 084

① Bây giờ là mười hai giờ.

②

③

④

⑤

응용해서 써 본 뒤 MP3를 듣고 따라 말하기

mp3 085

① 지금은 4시예요.

→

② 지금은 8시예요.

→

① Bây giờ là 4(bốn) giờ.

② Bây giờ là 8(tám) giờ.

틀린 문장 다시 한 번 써보기

→

DAY 047 ___월 ___일

Bây giờ là một giờ ba mươi phút.

지금은 1시 30분이에요.

발음 버이 저/여 라 못 저/여 바 므어이 풋

① 숫자 giờ 숫자 phút = ~시 ~분

주어	서술어	대상
Bây giờ	là	một giờ ba mươi phút.
지금	이에요	1시30분

Bây giờlà 숫자 giờ 숫자 phút.= 지금(은) ~시 ~분이에요.

Bây giờ là một giờ ba mươi phút. = 지금(은) 1시 30분이에요.

② '10, 20'과 같은 십 단위의 숫자를 말할 땐 '숫자+mươi'로 말하면 되는데, 10은 [mười]로 읽지만 20부터는 성조가 없어져 [mươi]로 읽게 됩니다.

10	20	30	40	50
mười [므어이]	hai mươi [하이 므어이]	ba mươi [바 므어이]	bốn mươi [본 므어이]	năm mươi [남 므어이]

새로운 표현을 한 번씩 따라 써 본 후 직접 반복해서 써 보기

~시 ~분 = ~ giờ ~ phút [~ 저/여 ~풋]

→ ~ giờ ~ phút

MP3를 듣고 따라 말하며 문장을 반복해서 써 보기

mp3 086

① Bây giờ là một giờ ba mươi phút.

②

③

④

⑤

응용해서 써 본 뒤 MP3를 듣고 따라 말하기

mp3 087

① 지금은 1시 20분이에요.

→

② 지금은 3시 40분이에요.

→

① Bây giờ là một giờ hai mươi phút.

② Bây giờ là ba giờ bốn mươi phút.

틀린 문장 다시 한 번 써보기

→

DAY 048 ___월 ___일

Bây giờ là hai giờ rưỡi.

지금은 2시 반이에요.

발음 (북) 버이 저 라 하이 저 즈어이 / (남) 버이 여 라 하이 여 르어이

① rưỡi = (어느 단위의) 반 → 북부 발음 [즈어이], 남부 발음 [르어이]

주어	서술어	대상
Bây giờ	là	hai giờ rưỡi.
지금	이에요	2시 반

Bây giờ là 숫자 giờ rưỡi.= 지금(은) ~시 반이에요.

Bây giờ là hai giờ rưỡi. = 지금(은) 2시 반이에요.

② 한국어에서 '~시 반'이라는 표현을 사용하듯 베트남어에서도 똑같이 사용합니다. 이때 베트남어로 '(절)반'이라는 뜻의 'rưỡi'를 써서 말하며, 베트남어의 '~시 반'이란 표현은 한국어의 시간 표현과 동일한 어순으로 말하면 됩니다.

새로운 표현을 한 번씩 따라 써 본 후 직접 반복해서 써 보기

① 반 = rưỡi [(북) 즈어이, (남) 르어이]

→ rưỡi |

② ~시 반 = ~ giờ rưỡi [(북) ~ 저 즈어이, (남) ~ 여 르어이]

→ ~ giờ rưỡi |

MP3를 듣고 따라 말하며 문장을 반복해서 써 보기

mp3 088

① Bây giờ là hai giờ rưỡi.

②

③

④

⑤

응용해서 써 본 뒤 MP3를 듣고 따라 말하기

mp3 089

① 지금은 4시 반이에요.

→

② 지금은 8시 반이에요.

→

① Bây giờ là bốn giờ rưỡi.

② Bây giờ là tám giờ rưỡi.

틀린 문장 다시 한 번 써보기

→

Hôm nay là thứ hai.

오늘은 월요일이에요.

발음 홈 나이 라 트 하이

① hôm nay = 오늘 / thứ hai = 둘째, 월요일

주어	서술어	대상
Hôm nay	là	thứ hai.
오늘	이에요	월요일

Hôm nay là 요일. = 오늘(은) ~이에요.

Hôm nay là thứ hai.= 오늘(은) 월요일이에요.

② '일요일(chủ nhật)'은 한자어 '주일(主日)'을 활용해서 표기하며, '월~토요일'은 일요일 이후 한 주의 '둘째 날, 셋째 날 ~ 일곱째 날'과 같이 취급하여 '서수'로 표기합니다.

일요일	월요일	화요일	수요일	목요일	금요일	토요일
chủ nhật [쭈 녓]	thứ hai [트 하이]	thứ ba [트 바]	thứ tư [트 뜨]	thứ năm [트 남]	thứ sáu [트 싸우]	thứ bảy [트 바이]

새로운 표현을 한 번씩 따라 써 본 후 직접 반복해서 써 보기

오늘 = hôm nay [홈 나이]

→ hôm nay

MP3를 듣고 따라 말하며 문장을 반복해서 써 보기

mp3 090

① Hôm nay là thứ hai.

②

③

④

⑤

응용해서 써 본 뒤 MP3를 듣고 따라 말하기

mp3 091

① 오늘은 수요일이에요.

→

② 오늘은 일요일이에요.

→

① Hôm nay là thứ tư.

② Hôm nay là chủ nhật.

틀린 문장 다시 한 번 써보기

→

DAY 050 ___월 ___일

Hôm nay là ngày một tháng một.

오늘은 1월 1일이에요.

발음 홈 나이 라 응아이 못 탕 못

① ngày = 일 / tháng = 월

ngày 숫자 tháng 숫자 = ~월 ~일 (베트남어는 '일→월'의 순서로 표기)

주어	서술어	대상
Hôm nay	là	ngày một tháng một.
오늘	이에요	1월 1일

Hôm nay là ngày 숫자 tháng 숫자. = 오늘(은) ~월 ~일이에요.

Hôm nay là ngày một tháng một. = 오늘(은) 1월 1일이에요.

② 아래는 1월~12월까지의 표기 예시입니다. (단, 4월은 bốn이 아닌 tư로 표기)

tháng một(1)	tháng hai(2)	tháng ba(3)	tháng tư(4)	tháng năm(5)	tháng sáu(6)
tháng bảy(7)	tháng tám(8)	tháng chín(9)	tháng mười(10)	tháng mười một(11)	tháng mười hai(12)

새로운 표현을 한 번씩 따라 써 본 후 직접 반복해서 써 보기

~월 ~일 = ngày ~ tháng ~ [응아이 ~ 탕 ~]

→ ngày ~ tháng ~

MP3를 듣고 따라 말하며 문장을 반복해서 써 보기

mp3 092

① Hôm nay là ngày một tháng một.

②

③

④

⑤

응용해서 써 본 뒤 MP3를 듣고 따라 말하기

mp3 093

① 오늘은 4월 4일입니다.

→

② 오늘은 12월 5일입니다.

→

① Hôm nay là ngày bốn tháng tư.

② Hôm nay là ngày năm tháng mười hai.

틀린 문장 다시 한 번 써보기

→

DAY 051 ___월 ___일

Năm nay tôi ba mươi lăm tuổi.

올해 저는 35살이에요.

발음 남 나이 또이 바 므어이 람 뚜오이

① năm nay = 올해 / tuổi = 나이, 살(세)

때	주어	서술어
Năm nay	tôi	ba mươi lăm tuổi
올해	저	35살

Năm nay tôi 숫자 tuổi. = 올해 저(는) ~살(이에요).

Năm nay tôi ba mươi lăm tuổi. = 올해 저(는) 35살(이에요).

위에서 '35살(ba mươi lăm tuổi)'이라는 명사가 '35살이에요'와 같이 나의 나이 상태를 서술하는 표현 자체로 쓰였습니다.

② 숫자 '5(năm)'는 '15, 25, 35'와 같이 십 단위 수 뒤에 쓰일 땐 lăm[람]으로 변해서 표기되는 특징이 있습니다. 아래는 15부터 45까지의 표기 예시입니다.

15	25	35	45
mười lăm	hai mươi lăm	ba mươi lăm	bốn mươi lăm

새로운 표현을 한 번씩 따라 써 본 후 직접 반복해서 써 보기

올해 = năm nay [남 나이]

→ năm nay

MP3를 듣고 따라 말하며 문장을 반복해서 써 보기

mp3 094

① Năm nay ba mươi lăm tuổi.

②

③

④

⑤

응용해서 써 본 뒤 MP3를 듣고 따라 말하기

mp3 095

① 올해 저는 25살이에요.

→

② 올해 저는 45살이에요.

→

① Năm nay tôi hai mươi lăm tuổi.

② Năm nay tôi bốn mươi lăm tuổi.

틀린 문장 다시 한 번 써보기

→

Tôi cao một trăm sáu mươi cm.

제 키는 160cm예요.

발음 또이 까오 못 짬 싸우 므어이 쎈띠멧

① cao = 높은(높다), 키가 큰(크다)

cao는 사전적으로 '높은(높다), 키가 큰(크다)'라는 뜻의 형용사인데, '키가 ~cm이다'와 같이 말할 땐 '키가 ~이다'라는 뜻의 서술적 표현으로 생각하시면 됩니다.

주어	서술어	대상
Tôi	cao	một trăm sáu mươi cm
저	키가 ~이에요	160cm

Tôi cao 숫자cm.= 저(는) 키가 숫자cm이에요.

Tôi cao một trăm sáu mươi cm. = 저(는) 키가 160cm이에요.

② 베트남어로 백 단위의 숫자는 'trăm(100)'을 숫자 뒤에 붙여 '100 = một trăm, 200 = hai trăm'과 같이 말합니다. 160과 같은 경우엔 '100(một trăm)+60(sáu mươi) → 160(một trăm sáu mươi)'과 같이 말하면 되겠죠?

새로운 표현을 한 번씩 따라 써 본 후 직접 반복해서 써 보기

높은(높다), 키가 큰(크다) = cao [까오]

→ cao

MP3를 듣고 따라 말하며 문장을 반복해서 써 보기

mp3 096

① Tôi cao một trăm sáu mươi cm.

②

③

④

⑤

응용해서 써 본 뒤 MP3를 듣고 따라 말하기

mp3 097

① 제 키는 175cm예요. [175 = một trăm bảy mươi lăm]

→

② 제 키는 155cm예요. [155 = một trăm năm mươi lăm]

→

① Tôi cao một trăm bảy mươi lăm cm.

② Tôi cao một trăm năm mươi lăm cm.

틀린 문장 다시 한 번 써보기

→

TEST

▶ 앞서 배운 베트남어 문장들을 스스로 작문해 보세요. (정답 p241)

① 지금은 12시예요.

→

② 지금은 1시 30분이에요.

→

③ 지금은 2시 반이에요.

→

④ 오늘은 월요일이에요.

→

⑤ 오늘은 일요일이에요.

→

⑥ 오늘은 1월 1일이에요.

→

⑦ 오늘은 4월 4일입니다.

→

⑧ 올해 35살이에요.

→

⑨ 제 키는 160cm예요.

→

⑩ 제 키는 155cm예요.

→

CHAPTER 07

성질, 상태 말하기

DAY 053 ___월 ___일

Áo này rất đắt/mắc.

이 옷은 아주 비싸요.

발음 아오 나이 젓 닷/막

① (북) đắt, (남) mắc = 비싼(비싸다)

áo = 옷 / này = 이(곳), 이(것) / áo+này → 이 옷

주어	정도부사	서술어
Áo này	rất	đắt/mắc.
이 옷	아주	비싸요

Áo này đắt/mắc. = 이 옷(은) 비싸요.

Áo này rất đắt/mắc. = 이 옷(은) 아주 비싸요.

② 'rất(매우/아주)'는 형용사 앞쪽에 붙어서 형용사의 상태(정도)를 강조해 주는 정도부사입니다. 참고로 áo는 보통 '상의'를 뜻하며, '하의'는 quần이라고 지칭합니다.

새로운 표현을 한 번씩 따라 써 본 후 직접 반복해서 써 보기

① 비싸다 = đắt [닷] / mắc [막]

→ đắt /mắc |

② 매우, 아주 = rất [젓]

→ rất |

MP3를 듣고 따라 말하며 문장을 반복해서 써 보기

mp3 098

① Áo này rất đắt. / Áo này rất mắc.

②

③

④

⑤

응용해서 써 본 뒤 MP3를 듣고 따라 말하기

mp3 099

① 이 옷은 아주 예뻐요. [예쁘다 = đẹp]

→

② 이 옷이 아주 마음에 들어요. [마음에 들다 = vừa ý]

→

① Áo này rất đẹp.

② Áo này rất vừa ý.

틀린 문장 다시 한 번 써보기

→

DAY 054 ___월 ___일

Món ăn kia rất cay.

저 음식은 아주 매워요.

발음 먼 안 끼어 젓 까이

① cay = 매운(맵다)

món ăn = 음식 / kia = 저, 그 / món ăn+kia → 저(그) 음식

주어	정도부사	서술어
Món ăn kia	rất	cay.
저 음식	아주	매워요

Món ăn kia cay. = 저 음식(은) 매워요.

Món ăn kia rất cay. = 저 음식(은) 아주 매워요.

② kia(저, 그)는 먼거리의 사물, 방향, 장소를 지칭할 때 사용되는 지시어로 '명사+kia'의 형태로 씁니다. 참고로 món ăn은 ăn을 생략하고 món이라고도 할 수 있습니다.

새로운 표현을 한 번씩 따라 써 본 후 직접 반복해서 써 보기

① 음식 = món ăn [먼 안]

→ món ăn |

② 맵다 = cay [까이]

→ cay |

MP3를 듣고 따라 말하며 문장을 반복해서 써 보기

mp3 100

① Món ăn kia rất cay.

②

③

④

⑤

응용해서 써 본 뒤 MP3를 듣고 따라 말하기

mp3 101

① 저 음식은 아주 셔요. [시다 = chua]

→

② 저 음식은 아주 새콤달콤해요. [새콤달콤하다 = chua ngọt]

→

① Món ăn kia rất chua.

② Món ăn kia rất chua ngọt.

틀린 문장 다시 한 번 써보기

→

Phát âm của anh rất tốt.

당신의 발음은 아주 좋아요.

발음 팟 엄 꾸어 아인 젓 뜻

① tốt = 좋은(좋다) / phát âm = 발음

phát âm+của(~의)+anh(당신) → phát âm của anh = 당신의 발음

주어	정도부사	서술어
Phát âm của anh	rất	tốt.
당신의 발음	아주	좋아요

Phát âm của anh tốt. = 당신의 발음(은) 좋아요.

Phát âm của anh rất tốt. = 당신의 발음(은) 아주 좋아요.

② 앞서 배웠듯이 베트남어에선 상대방의 성별/나이에 맞는 호칭을 정확히 쓰는 것이 중요합니다. 위에서 'anh'은 '(형/오빠뻘의) 당신'을 가리킬 때 쓰는 호칭입니다.

새로운 표현을 한 번씩 따라 써 본 후 직접 반복해서 써 보기

① 발음 = phát âm [팟 엄]

→ phát âm

② 좋다 = tốt [뜻]

→ tốt

MP3를 듣고 따라 말하며 문장을 반복해서 써 보기

mp3 102

① Phát âm của anh rất tốt.

②

③

④

⑤

응용해서 써 본 뒤 MP3를 듣고 따라 말하기

mp3 103

① (동생뻘인) 당신의 발음은 아주 좋아요. [좋다 = hay, 당신 = em]

→

② (동생뻘인) 당신의 발음은 아주 좋아요. [잘하다, 좋다 = giỏi]

→

① Phát âm của em rất hay.

② Phát âm của em rất giỏi.

틀린 문장 다시 한 번 써보기

→

DAY 056 ___월 ___일

Tay của anh ấy rất to.

그의 손은 매우 커요.

발음 따이 꾸어 아인 어이 젓 떠

① to = 큰(크다) / tay = 손

tay+của(~의)+anh ấy(그) → tay của anh ấy = 그의 손

주어	정도부사	서술어
Tay của anh ấy	rất	to.
그의 손	매우	커요

Tay của anh ấy to. = 그의 손(은) 커요.

Tay của anh ấy rất to. = 그의 손(은) 매우 커요.

② 앞서 배웠듯이 anh ấy는 'anh(형/오빠)+ấy(그) → anh ấy = 그 형/오빠'와 같이 만들어진 표현이며, 한국어로는 '그 남자, 그'라고 해석하면 됩니다.

새로운 표현을 한 번씩 따라 써 본 후 직접 반복해서 써 보기

① 손 = tay [따이]

→ tay

② 크다 = to [떠]

→ to

MP3를 듣고 따라 말하며 문장을 반복해서 써 보기

mp3 104

① Tay của anh ấy rất to.

②

③

④

⑤

응용해서 써 본 뒤 MP3를 듣고 따라 말하기

mp3 105

① 그의 손은 매우 작아요. [작다 = nhỏ]

→

② 그의 손은 매우 차요. [춥다, 차갑다 = lạnh]

→

① Tay của anh ấy rất nhỏ.

② Tay của anh ấy rất lạnh.

틀린 문장 다시 한 번 써보기

→

DAY 057 ___월 ___일

Phòng của anh ấy rất sạch sẽ.

그의 방은 아주 깨끗해요.

발음 퀑 꾸어 아인 어이 젓 싸익 쌔

① sạch sẽ = 깨끗한(깨끗하다) / phòng = 방

phòng+của(~의)+anh ấy(그) → phòng của anh ấy = 그의 방

주어	정도부사	서술어
Phòng của anh ấy	rất	sạch sẽ.
그의 방	아주	깨끗해요

Phòng của anh ấy sạch sẽ. = 그의 방(은) 깨끗해요.

Phòng của anh ấy rất sạch sẽ. = 그의 방(은) 아주 깨끗해요.

② phòng(방) 뒤에 동사를 붙이면 '~(하는) 방'이란 뜻의 어휘가 됩니다.

phòng(방)+học(공부하다) = 공부방 / phòng(방)+ngủ(자다) = 침실

새로운 표현을 한 번씩 따라 써 본 후 직접 반복해서 써 보기

① 깨끗하다 = sạch sẽ [싸익 쌔]

→ sạch sẽ

① 공부방/침실 = phòng học/ngủ [퀑 헙/응우]

→ phòng học/ngủ

MP3를 듣고 따라 말하며 문장을 반복해서 써 보기

mp3 106

① Phòng của anh ấy rất sạch sẽ.

②

③

④

⑤

응용해서 써 본 뒤 MP3를 듣고 따라 말하기

mp3 107

① 그의 공부방은 아주 더러워요. [더럽다 = (북) bẩn/ (남) dơ]

→

② 그의 침실은 아주 넓어요. [넓다 = rộng]

→

① Phòng học của anh ấy rất bẩn/dơ.

② Phòng ngủ của anh ấy rất rộng.

틀린 문장 다시 한 번 써보기

→

DAY 058 ___월 ___일

Thời tiết hôm nay rất nóng.

오늘 날씨가 아주 더워요.

발음 터이 띠엣 홈 나이 젓 넘

① nóng = 더운(덥다) / thời tiết = 날씨

thời tiết+hôm nay(오늘) → thời tiết hôm nay = 오늘 날씨

주어	정도부사	서술어
Thời tiết hôm nay	rất	nóng.
오늘 날씨	아주	더워요

Thời tiết hôm nay nóng. = 오늘 날씨(가) 더워요.

Thời tiết hôm nay rất nóng. = 오늘 날씨(가) 아주 더워요.

② '오늘 날씨'를 베트남어로 말할 땐 한국어와는 반대인 어순으로 'thời tiết(날씨)+hôm nay(오늘)'과 같이 말해야 하니 이 점에 주의하세요.

새로운 표현을 한 번씩 따라 써 본 후 직접 반복해서 써 보기

① 오늘 날씨 = thời tiết hôm này [터이 띠엣 홈 나이]

→ thời tiết hôm này

② 덥다 = nóng [�]

→ nóng

MP3를 듣고 따라 말하며 문장을 반복해서 써 보기

mp3 108

① Thời tiết hôm nay rất nóng.

②

③

④

⑤

응용해서 써 본 뒤 MP3를 듣고 따라 말하기

mp3 109

① 오늘 날씨가 아주 추워요. [춥다 = lạnh]

→

② 오늘 날씨가 아주 좋아요. [(날씨가) 좋다 = dễ chịu]

→

① Thời tiết hôm nay rất lạnh.

② Thời tiết hôm nay rất dễ chịu.

틀린 문장 다시 한 번 써보기

→

DAY 059 ___월 ___일

Dạo này em rất bận.

요즘 저는 매우 바빠요.

발음 자오 나이 앰 젓 번

① bận = 바쁜(바쁘다) / em = (동생뻘인) 나 / dạo này = 요즘

때	주어	정도부사	서술어
Dạo này	em	rất	bận.
요즘	저	매우	바빠요

Em bận. = 저(는) 바빠요.

Em rất bận. = 저(는) 매우 바빠요.

Dạo này em rất bận. = 요즘 저(는) 매우 바빠요.

② 베트남어에선 dạo này(요즘)과 같이 시간을 나타내는 표현을 문장 맨 앞에 놓고 얘기할 수 있습니다. 참고로 bận과 동일한 뜻의 어휘로는 bận rộn이 있습니다.

새로운 표현을 한 번씩 따라 써 본 후 직접 반복해서 써 보기

① 요즘 = dạo này [자오 나이]

→ dạo này

② 바쁘다 = bận [번]

→ bận

MP3를 듣고 따라 말하며 문장을 반복해서 써 보기

mp3 110

① Dạo này em rất bận.

②

③

④

⑤

응용해서 써 본 뒤 MP3를 듣고 따라 말하기

mp3 111

① 요즘 (동생뻘인) 저는 매우 피곤해요. [피곤하다 = mệt]

→

② 요즘 (동생뻘인) 저는 매우 우울해요. [슬프다, 우울하다 = buồn]

→

① Dạo này em rất mệt.

② Dạo này em rất buồn.

틀린 문장 다시 한 번 써보기

→

DAY 060 ___월 ___일

Học tiếng Việt rất khó.

베트남어 공부가 너무 어려워요.

발음 헙 띠엥 비엣 젓 커

① khó = 어려운(어렵다) / học = 공부하다 / tiếng Việt = 베트남어

học+tiếng Việt = 베트남어(를) 공부하다 → 베트남어 공부

주어	정도부사	서술어
Học tiếng Việt	rất	khó.
베트남어 공부	너무	어려워요

Học tiếng Việt khó. = 베트남어 공부(가) 어려워요.

Học tiếng Việt rất khó. = 베트남어 공부(가) 너무 어려워요.

② 'tiếng'은 '말, 언어'라는 뜻의 단어로서 이 뒤에 다양한 국가명을 붙여서 'tiếng Hàn Quốc(한국어), tiếng Anh(영어)'와 같이 파생시켜 말할 수 있습니다.

새로운 표현을 한 번씩 따라 써 본 후 직접 반복해서 써 보기

① 베트남어 = tiếng Việt [띠엥 비엣]

→ tiếng Việt |

② 어렵다 = khó [커]

→ khó |

MP3를 듣고 따라 말하며 문장을 반복해서 써 보기

mp3 112

① Học tiếng Việt rất khó.

②

③

④

⑤

응용해서 써 본 뒤 MP3를 듣고 따라 말하기

mp3 113

① 영어 공부가 너무 어려워요.

→

② 베트남어 공부가 아주 재밌어요. [재미있다 = hay]

→

① Học tiếng Anh rất khó.

② Học tiếng Việt rất hay.

틀린 문장 다시 한 번 써보기

→

DAY 061 ___월 ___일

Anh cao quá.

당신은 키가 아주 크네요.

발음 아인 까오 꾸아

① cao = 키가 큰(크다) / anh = (형, 오빠뻘인) 당신

주어	서술어	정도부사
Anh	cao	quá.
당신	키가 크네요	아주

Anh cao. = 당신(은) 키가 크네요.

Anh cao quá. = 당신(은) 키가 아주 크네요.

② quá(매우/아주) 역시 앞서 배운 rất과 같이 형용사의 상태(정도)를 강조하는 정도부사로 쓰이는 표현이며, 단 quá는 형용사의 '뒤'에 붙어서 이를 강조합니다. rất이 다소 딱딱한 표현이라면 quá는 가장 구어체적인 표현이라 할 수 있습니다.

새로운 표현을 한 번씩 따라 써 본 후 직접 반복해서 써 보기

① 키가 크다 = cao [까오]

→ cao

② 매우, 아주 = quá [꾸아]

→ quá

MP3를 듣고 따라 말하며 문장을 반복해서 써 보기

mp3 114

① Anh cao quá.

②

③

④

⑤

응용해서 써 본 뒤 MP3를 듣고 따라 말하기

mp3 115

① 당신은 키가 아주 작네요. [작다 = thấp]

→

② 당신은 아주 잘생겼네요. [잘생기다 = đẹp trai]

→

① Anh thấp quá.

② Anh đẹp trai quá.

틀린 문장 다시 한 번 써보기

→

DAY 062 ___월 ___일

Món ăn này ngon quá.

이 음식은 아주 맛있네요.

발음 먼 안 나이 응언 꾸아

① ngon = 맛있는(맛있다) / món ăn(음식)+này(이) = 이 음식

주어	서술어	정도부사
Món ăn này	ngon	quá.
이 음식	맛있네요	아주

Món ăn này ngon. = 이 음식(은) 맛있네요.

Món ăn này ngon quá. = 이 음식(은) 아주 맛있네요.

② 베트남어 어휘엔 동의어가 많습니다. 예를 들면 아래와 같습니다.

(ex) 음식 = món ăn, đồ ăn, ẩm thực, thức ăn (이중 món ăn이 가장 많이 쓰임)

참고로 'Ngon quá.'라고 말하면 '진짜 맛있다!'라는 표현이 됩니다.

새로운 표현을 한 번씩 따라 써 본 후 직접 반복해서 써 보기

① 맛있다 = ngon [응언]

→ ngon

② 진짜 맛있다! = Ngon quá. [응언 꾸아]

→ Ngon quá.

MP3를 듣고 따라 말하며 문장을 반복해서 써 보기

mp3 116

① Món ăn này ngon quá.

②

③

④

⑤

응용해서 써 본 뒤 MP3를 듣고 따라 말하기

mp3 117

① 이 음식은 아주 짜네요. [짜다 = mặn]

→

② 이 음식은 아주 달아요. [달다= ngọt]

→

① Món ăn này mặn quá.

② Món ăn này ngọt quá.

틀린 문장 다시 한 번 써보기

→

DAY 063 ___월 ___일

Con mèo này dễ thương quá.

이 고양이는 아주 귀엽네요.

발음 껀 매오 나이 제 트엉 꾸아

① dễ thương = 귀여운(귀엽다) / con mèo = 고양이

주어	서술어	정도부사
Con mèo này	dễ thương	quá.
이 고양이	귀엽네요	아주

Con mèo này dễ thương. = 이 고양이(는) 귀엽네요.

Con mèo này dễ thương quá. = 이 고양이(는) 아주 귀엽네요.

② con mèo(고양이)에서 con은 동물을 표현해주는 '종별사'입니다. 종별사는 명사 바로 앞에 위치하여 명사의 성질과 종류를 표기해 주는 것인데, 그중 con은 con thỏ(토끼), con cá(물고기)와 같이 동물, 사람을 포함한 '생물'을 지칭하는 명사에 붙습니다.

새로운 표현을 한 번씩 따라 써 본 후 직접 반복해서 써 보기

① 고양이 = con mèo [껀 매오]

→ con mèo |

② 귀엽다 = dễ thương [제 트엉]

→ dễ thương |

MP3를 듣고 따라 말하며 문장을 반복해서 써 보기

mp3 118

① Con mèo này dễ thương quá.

②

③

④

⑤

응용해서 써 본 뒤 MP3를 듣고 따라 말하기

mp3 119

① 이 고양이는 아주 사납네요. [사납다 = dữ]

→

② 이 고양이는 아주 사랑스럽네요. [사랑스럽다 = đáng yêu]

→

① Con mèo này dữ quá.

② Con mèo này đáng yêu quá.

틀린 문장 다시 한 번 써보기

→

Ở công viên này có nhiều người lắm.

이 공원에는 사람이 아주 많이 있어요.

발음 어 꽁 비엔 나이 꺼 니에우 응어이 람

① ở = ~에 / công viên = 공원 / người = 사람

công viên+này(이) → công viên này = 이 공원

주어	서술어	대상
Ở công viên này	có	nhiều người lắm.
이 공원에	있어요	아주 많은 사람

Ở công viên này có nhiều người.= 이 공원에(는) 많은 사람(이) 있어요.

Ở công viên này có nhiều người lắm. = 이 공원에(는) 아주 많은 사람(이) 있어요.

위의 말은 결국 아래와 같이 해석 가능합니다.

Ở công viên này có nhiều người lắm. = 이 공원에(는) 사람이 아주 많아요.

② 'lắm(매우/아주)'은 형용사의 상태(정도)를 강조해 주는 정도부사이며, 형용사 '뒤쪽'에 붙어 이를 강조해 줍니다. 그리고 'có nhiều 명사 lắm = ~이 아주 많다'라는 표현은 유용하게 쓸 수 있는 표현이니 입에 착 붙여 외워 두시기 바랍니다.

새로운 표현을 한 번씩 따라 써 본 후 직접 반복해서 써 보기

공원 = công viên [꽁 비엔]

→ công viên

MP3를 듣고 따라 말하며 문장을 반복해서 써 보기

mp3 120

① Ở công viên này có nhiều người lắm.

②

③

④

⑤

응용해서 써 본 뒤 MP3를 듣고 따라 말하기

mp3 121

① 이 공원에는 강아지가 아주 많아요. [강아지 = chó con]

→

② 이 공원에는 나무가 아주 많아요. [나무 = cây]

→

① Ở công viên này có nhiều chó con lắm.

② Ở công viên này có nhiều cây lắm.

틀린 문장 다시 한 번 써보기

→

DAY 065 ___월 ___일

Hôm nay không mệt lắm.

오늘은 별로 안 피곤해요.

발음 홈 나이 컴 멧 람

① không+형용사 = ~하지 않다

mệt = 피곤한(피곤하다) → không mệt = 피곤하지 않다

주어	서술어	정도부사
Hôm nay	không mệt	lắm.
오늘	피곤하지 않아요	아주

Hôm nay không mệt. = 오늘(은) 피곤하지 않아요.

Hôm nay không mệt lắm. = 오늘(은) 아주 피곤하진 않아요.

위의 말은 결국 아래와 같은 뜻으로 해석 가능합니다.

Hôm nay không mệt lắm. = 오늘(은) 별로 안 피곤해요.

② 'không+형용사+lắm'은 어떠한 상태가 그렇게 심하진 않다는 뜻으로서 '별로 안 ~하다, 그다지 ~하지 않다'라는 뜻의 표현으로 외워 두시면 됩니다.

새로운 표현을 한 번씩 따라 써 본 후 직접 반복해서 써 보기

피곤하다 = mệt [멧]

→ mệt

MP3를 듣고 따라 말하며 문장을 반복해서 써 보기

mp3 122

① Hôm nay không mệt lắm.

②

③

④

⑤

응용해서 써 본 뒤 MP3를 듣고 따라 말하기

mp3 123

① 오늘은 별로 안 추워요. [춥다 = lạnh]

→

② 오늘은 그다지 덥지 않아요. [덥다 = nóng]

→

① Hôm nay không lạnh lắm.

② Hôm nay không nóng lắm.

틀린 문장 다시 한 번 써보기

→

TEST

▶ 앞서 배운 베트남어 문장들을 스스로 작문해 보세요. (정답 p241)

① 이 옷은 아주 비싸요. ('rất'으로 작문)

→

② 저 음식은 아주 매워요. ('rất'으로 작문)

→

③ 그의 방은 아주 깨끗해요. ('rất'으로 작문)

→

④ 오늘 날씨가 아주 더워요. ('rất'으로 작문)

→

⑤ 요즘 저는 매우 바빠요. ('rất'으로 작문)

→

⑥ 베트남어 공부가 너무 어려워요. ('rất'으로 작문)

→

⑦ 당신은 키가 아주 크네요. ('quá'로 작문)

→

⑧ 이 음식은 아주 맛있네요. ('quá'로 작문)

→

⑨ 이 공원에는 아주 많은 사람이 있어요. ('lắm'으로 작문)

→

⑩ 오늘은 별로 안 피곤해요. ('lắm'으로 작문)

→

CHAPTER 08

'가다, 오다' 활용해서 말하기

DAY 066 ___월 ___일

Ngày mai tôi đi Busan.

저는 내일 부산에 가요.

발음 응아이 마이 또이 디 부산

① đi = 가다 → đi+장소 = ~에 가다

때	주어	서술어	장소
Ngày mai	tôi	đi	Busan.
내일	저	가요	부산

Tôi đi 장소. = 저(는) ~(에) 가요.

Tôi đi Busan. = 저(는) 부산(에) 가요.

Ngày mai tôi đi Busan. = 저(는) 내일 부산(에) 가요.

② 'đi+장소 = ~에 가다'라는 표현은 주로 아래와 같이 활용합니다.

(1) 특정 지역명(ex: 부산, 서울)을 언급하며 그곳에 간다고 말할 때

(2) 어떤 장소에 누구나 떠올리는 일반적인 목적으로 간다고 말할 때

(ex) đi chợ = (장을 보러) 시장에 가다

(3) đi 뒤엔 '회사(công ty), 학교(trường), 집(nhà), 고향(quê)'은 올 수 없음

새로운 표현을 한 번씩 따라 써 본 후 직접 반복해서 써 보기

내일 = ngày mai [응아이 마이]

→ ngày mai |

MP3를 듣고 따라 말하며 문장을 반복해서 써 보기

mp3 124

① Ngày mai tôi đi Busan.

②

③

④

⑤

응용해서 써 본 뒤 MP3를 듣고 따라 말하기

mp3 125

① 저는 내일 다낭에 가요. [다낭 = Đà Nẵng]

→

② 저는 내일 도서관에 가요. [도서관 = thư viện]

→

① Ngày mai tôi đi Đà Nẵng.

② Ngày mai tôi đi thư viện.

틀린 문장 다시 한 번 써보기

→

DAY 067 ___월 ___일

Mỗi ngày tôi đi làm việc.

저는 매일 일하러 가요.

발음 모이 응아이 또이 디 람 비엑

① đi+동사 = 하러 가다

đi+làm việc(일하다) → đi làm việc = 일하러 가다, 출근하다

때	주어	서술어
Mỗi ngày	tôi	đi làm việc.
매일	저	일하러 가요

Tôi đi 동사. = 저(는) ~하러 가요.

Tôi đi làm việc. = 저(는) 일하러 가요.

Mỗi ngày tôi đi làm việc. = 저(는) 매일 일하러 가요.

② 앞서 '학교(trường)'는 đi 뒤에 올 수 없다고 배웠는데, 'đi+동사' 형태를 이용하면 '학교에 가다'를 표현할 수 있습니다. 바로 'đi(가다)+học(공부하다) → đi học = 공부하러 가다(결국 '학교에 가다'라는 의미)'와 같이 말하면 됩니다.

새로운 표현을 한 번씩 따라 써 본 후 직접 반복해서 써 보기

일하러 가다, 출근하다 = đi làm việc [디 람 비엑]

→ đi làm việc

MP3를 듣고 따라 말하며 문장을 반복해서 써 보기

mp3 126

① Mỗi ngày tôi đi làm việc.

②

③

④

⑤

응용해서 써 본 뒤 MP3를 듣고 따라 말하기

mp3 127

① 저는 매일 커피를 마시러 가요. [커피를 마시다 = uống cà phê]

→

② 저는 내일 낚시하러 가요. [낚시하다 = câu cá]

→

① Mỗi ngày tôi đi uống cà phê.

② Ngày mai tôi đi câu cá.

틀린 문장 다시 한 번 써보기

→

DAY 068 ___월 ___일

Tôi đến công ty.

저는 회사에 가요.

발음 또이 덴 꽁 띠

① đến = 가다/오다/도착하다 → đến+장소 = ~에 가다/오다/도착하다

주어	서술어	장소
Tôi	đến	công ty.
저	가요	회사

Tôi đến 장소. = 저(는) ~(에) 가요.

Tôi đến công ty. = 저(는) 회사(에) 가요.

② 대략 아래의 4가지 상황에선 보통 đến을 써서 말합니다.

(1) 그냥 단순하게 어떤 장소에 가는 행위 자체를 말할 때

(2) 일반적인 목적이 아닌 개별적인 목적으로 어딘가에 간다고 말할 때

[일반적인 목적] (예금 업무를 보러) 저는 은행에 가요(đi).

[개별적인 목적] (내 친구를 만나러) 저는 은행에 가요(đến).

(3) 화자 쪽으로 '오라'고 하거나 어떤 곳에 '도착하다'라고 말할 때

(4) '회사(công ty), 학교(trường), 친구 집(nhà bạn)'에 간다고 말할 때

새로운 표현을 한 번씩 따라 써 본 후 직접 반복해서 써 보기

친구 집 = nhà bạn [냐 반]

→ nhà bạn |

MP3를 듣고 따라 말하며 문장을 반복해서 써 보기

mp3 128

① Tôi đến công ty.

②

③

④

⑤

응용해서 써 본 뒤 MP3를 듣고 따라 말하기

mp3 129

① 저는 학교에 가요.

→

② 저는 친구 집에 가요.

→

① Tôi đến trường.

② Tôi đến nhà bạn.

틀린 문장 다시 한 번 써보기

→

DAY 069 ___월 ___일

Tôi (đi) về nhà.

저는 집에 돌아가요.

발음 또이 (디) 베 냐

① về = 돌아오다, 돌아가다 ('đi về'라고도 쓸 수 있음)

(đi) về+집/나라/고향 = ~에 돌아가다

주어	서술어	장소
Tôi	(đi) về	nhà.
저	돌아가요	집

Tôi (đi) về 집/나라/고향. = 저(는) ~(에) 돌아가요.

Tôi (đi) về nhà. = 저(는) 집(에) 돌아가요.

② 베트남어에선 '집(nhà), 나라(nước), 고향(quê)'에 돌아간다고 말할 때 'về'라는 동사를 써서 말합니다('đi về'라는 표현도 사용 가능).

새로운 표현을 한 번씩 따라 써 본 후 직접 반복해서 써 보기

① 나라 = nước [느억]

→ nước

② 고향 = quê [꾸에]

→ quê

MP3를 듣고 따라 말하며 문장을 반복해서 써 보기

mp3 130

① Tôi (đi) về nhà.

②

③

④

⑤

응용해서 써 본 뒤 MP3를 듣고 따라 말하기

mp3 131

① 저는 나라(고국)에 돌아가요.

→

② 저는 고향에 돌아가요.

→

① Tôi (đi) về nước.

② Tôi (đi) về quê.

틀린 문장 다시 한 번 써보기

→

DAY 070 ___월 ___일

Tôi đi siêu thị để mua hàng.

저는 물건을 사러 마트에 가요.

발음 또이 디 씨우 티 데 무어 항

① siêu thị = 마트 / mua = 사다 / hàng = 물건

để+동사 = ~하기 위해, ~하러

주어	서술어	장소	목적
Tôi	đi	siêu thị	để mua hàng.
저	가요	마트	물건 사러

Tôi đi 장소 để 동사. = 저(는) ~하러 ~(에) 가요.

Tôi đi siêu thị để mua hàng. = 저(는) 물건(을) 사러 마트(에) 가요.

② đi라는 동사는 앞서 배웠듯이 일반적인 목적으로 어딘가에 간다고 말할 때(ex: (물건을 사러) 마트에 가다, (밥을 먹으러) 식당에 가다) 주로 사용합니다.

새로운 표현을 한 번씩 따라 써 본 후 직접 반복해서 써 보기

① 마트 = siêu thị [씨우 티]

→ siêu thị |

② 물건을 사다 = mua hàng [무어 항]

→ mua hàng |

MP3를 듣고 따라 말하며 문장을 반복해서 써 보기

mp3 132

① Tôi đi siêu thị để mua hàng.

②

③

④

⑤

응용해서 써 본 뒤 MP3를 듣고 따라 말하기

mp3 133

① 저는 신선한 야채를 사러 마트에 가요. [신선한 야채 = rau tươi]

→

② 저는 과일을 사러 마트에 가요. [과일 = (북) hoa quả / (남) trái cây]

→

① Tôi đi siêu thị để mua rau tươi.

② Tôi đi siêu thị để mua hoa quả/trái cây.

틀린 문장 다시 한 번 써보기

→

DAY 071 ___월 ___일

Tôi đến đây để tập thể dục.

저는 운동하러 여기에 와요.

발음 또이 덴 더이 데 땁 테 줍

① đây = 여기 / tập thể dục= 운동하다

주어	서술어	장소	목적
Tôi	đến	đây	để tập thể dục.
저	와요	여기	운동하러

Tôi đến đây để 동사. = 저(는) ~하러 여기(에) 와요.

Tôi đến đây để tập thể dục. = 저(는) 운동하러 여기(에) 와요.

② đến은 주로 '개별적인 목적'으로 어딘가에 간다고 말할 때 쓴다고 배웠습니다. 여기서도 'đến đây để 동사'라는 표현에서 'để 동사' 부분은 말하는 이의 개별적인 목적을 위해(운동하러) 이곳에 오는 거라는 의미로 생각하시면 됩니다.

새로운 표현을 한 번씩 따라 써 본 후 직접 반복해서 써 보기

① 여기 = đây [더이]

→ đây |

② 운동하다 = tập thể dục [땁 테 줍]

→ tập thể dục |

MP3를 듣고 따라 말하며 문장을 반복해서 써 보기

mp3 134

① Tôi đến đây để tập thể dục.

②

③

④

⑤

응용해서 써 본 뒤 MP3를 듣고 따라 말하기

mp3 135

① 저는 돈을 인출하러 여기에 와요. [돈을 인출하다 = rút tiền]

→

② 저는 네일아트하러 여기에 와요. [손톱을 칠하다(네일아트하다) = sơn móng tay]

→

① Tôi đến đây để rút tiền.

② Tôi đến đây để sơn móng tay.

틀린 문장 다시 한 번 써보기

→

TEST

▶ 앞서 배운 베트남어 문장들을 스스로 작문해 보세요. (정답 p241)

① 저는 내일 부산에 가요. (đi로 작문)

→

② 저는 내일 도서관에 가요. (đi로 작문)

→

③ 저는 매일 일하러 가요. (đi로 작문)

→

④ 저는 매일 커피를 마시러 가요. (đi로 작문)

→

⑤ 저는 회사에 가요. (đến으로 작문)

→

⑥ 저는 친구 집에 가요. (đến으로 작문)

→

⑦ 저는 집에 돌아가요. (về로 작문)

→

⑧ 저는 고향에 돌아가요. (về로 작문)

→

⑨ 저는 물건을 사러 마트에 가요. (đi로 작문)

→

⑩ 저는 운동하러 여기에 와요. (đến으로 작문)

→

CHAPTER 09

취향, 기호 말하기

DAY 072 ___월 ___일

Tôi thích chó con.

저는 강아지를 좋아해요.

발음 또이 틱 쩌 껀

① thích = 좋아하다 / chó con= 강아지

주어	서술어	대상
Tôi	thích	chó con.
저	좋아해요	강아지

Tôi thích 대상. = 저(는) ~(을/를) 좋아해요.

Tôi thích chó con. = 저(는) 강아지(를) 좋아해요.

② 동물과 사람을 포함한 '생물'을 지칭하는 명사는 '앞쪽'에 종별사 con이 붙는다고 했는데, 새끼 동물일 경우엔 종별사가 '뒤쪽'에 붙어 '동물 명사+con'과 같이 표기합니다.

(ex) con chó = 개 / chó con= 강아지

새로운 표현을 한 번씩 따라 써 본 후 직접 반복해서 써 보기

① 좋아하다 = thích [틱]

→ thích |

② 개 / 강아지 = con chó [껀 쩌] / chó con [쩌 껀]

→ con chó / chó con |

MP3를 듣고 따라 말하며 문장을 반복해서 써 보기

mp3 136

① Tôi thích chó con.

②

③

④

⑤

응용해서 써 본 뒤 MP3를 듣고 따라 말하기

mp3 137

① 저는 고양이를 좋아해요. [고양이 = con mèo]

→

② 저는 토끼를 좋아해요. [토끼 = con thỏ]

→

① Tôi thích con mèo.

② Tôi thích con thỏ.

틀린 문장 다시 한 번 써보기

→

DAY 073 ___월 ___일

Tôi thích mùa xuân.

저는 봄을 좋아해요.

발음 또이 틱 무어 쑤언

① mùa xuân = 봄

주어	서술어	대상
Tôi	thích	mùa xuân.
저	좋아해요	봄

Tôi thích mùa xuân. = 저(는) 봄(을) 좋아해요.

② '봄(춘), 여름(하), 가을(추), 겨울(동) = 춘하추동'은 베트남어로 'xuân hạ thu đông[쑤언 하 투 동]'이라고 합니다. 그리고 베트남어로 각각의 계절은 '춘(xuân)/하(hạ)/추(thu)/동(đông)'의 각 글자 앞에 'mùa(계절)'이라는 단어를 붙여서 'mùa xuân(봄), mùa hè(여름), mùa thu(가을), mùa đông(겨울)'과 같이 말하면 됩니다.

새로운 표현을 한 번씩 따라 써 본 후 직접 반복해서 써 보기

① 봄 / 여름 = mùa xuân [무어 쑤언] / mùa hè [무어 해]

→ mùa xuân / mùa hè |

② 가을 / 겨울 = mùa thu [무어 투] / mùa đông [무어 동]

→ mùa thu / mùa đông |

MP3를 듣고 따라 말하며 문장을 반복해서 써 보기

mp3 138

① Tôi thích mùa xuân.

②

③

④

⑤

응용해서 써 본 뒤 MP3를 듣고 따라 말하기

mp3 139

① 저는 가을을 좋아해요.

→

② 저는 겨울을 좋아해요.

→

① Tôi thích mùa thu.

② Tôi thích mùa đông.

틀린 문장 다시 한 번 써보기

→

DAY 074 ___월 ___일

Tôi rất thích đi dạo.

저는 산책하길 아주 좋아해요.

발음 또이 젓 틱 디 자오

① đi dạo = 산보하다, 산책하다

thích+동사 = ~하기(를) 좋아하다

thích+đi dạo = 산책하기(를) 좋아하다

주어	정도부사	서술어	대상
Tôi	rất	thích	đi dạo.
저	아주	좋아해요	산책하기

Tôi thích 동사. = 저(는) ~하기(를) 좋아해요.

Tôi thích đi dạo. = 저(는) 산책하기(를) 좋아해요.

Tôi rất thích đi dạo. = 저(는) 산책하기(를) 아주 좋아해요.

② 정도부사 'rất(매우/아주)'이 형용사의 상태(정도)를 강조할 땐 형용사의 '앞쪽'에 붙어서 이를 강조한다고 했습니다. 동사 역시 마찬가지입니다. 동사의 상태를 강조할 때에도 동사 '앞쪽'에 붙어서 이를 강조합니다.

새로운 표현을 한 번씩 따라 써 본 후 직접 반복해서 써 보기

산보하다, 산책하다 = đi dạo [디 자오]

→ đi dạo

MP3를 듣고 따라 말하며 문장을 반복해서 써 보기

mp3 140

① Tôi rất thích đi dạo.

②

③

④

⑤

응용해서 써 본 뒤 MP3를 듣고 따라 말하기

mp3 141

① 저는 술 마시길 아주 좋아해요. [술 마시다 = uống rượu]

→

② 저는 쇼핑하러 가길 아주 좋아해요. [쇼핑하러 가다 = đi mua sắm]

→

① Tôi rất thích uống rượu.

② Tôi rất thích đi mua sắm.

틀린 문장 다시 한 번 써보기

→

DAY 075 ___월 ___일

Tôi không thích con mèo.

저는 고양이를 안 좋아해요.

발음 또이 컴 틱 껀 매오

① không thích = 안 좋아하다

주어	서술어	대상
Tôi	không thích	con mèo.
저	안 좋아해요	고양이

Tôi không thích 대상/행위. = 저(는) ~(을/를) 안 좋아해요.

Tôi không thích con mèo. = 저(는) 고양이(를) 안 좋아해요.

② không은 '아니다'라는 뜻을 가진 부사로서 'không+동사/형용사 = 안 ~하다'와 같이 사용됩니다. 앞서 배웠던 문장들로 좀 더 연습해 볼까요?

Tôi không thích chó con. = 저(는) 강아지(를) 안 좋아해요.

Tôi không thích mùa xuân. = 저(는) 봄(을) 안 좋아해요.

Tôi không thích đi dạo. = 저(는) 산책하는 것(을) 안 좋아해요.

새로운 표현을 한 번씩 따라 써 본 후 직접 반복해서 써 보기

안 좋아하다(좋아하지 않다) = không thích [컴 틱]

→ không thích |

MP3를 듣고 따라 말하며 문장을 반복해서 써 보기

mp3 142

① Tôi không thích con mèo.

②

③

④

⑤

응용해서 써 본 뒤 MP3를 듣고 따라 말하기

mp3 143

① 저는 더운 날씨를 안 좋아해요. [더운 날씨 = trời nóng]

→

② 저는 사과를 안 좋아해요. [사과 = quả táo]

→

① Tôi không thích trời nóng.

② Tôi không thích quả táo.

틀린 문장 다시 한 번 써보기

→

TEST

▶ 앞서 배운 베트남어 문장들을 스스로 작문해 보세요. (정답 p242)

① 저는 강아지를 좋아해요.

→

② 저는 고양이를 좋아해요.

→

③ 저는 봄을 좋아해요.

→

④ 저는 가을을 좋아해요.

→

⑤ 저는 산책하길 아주 좋아해요.

→

⑥ 저는 술 마시길 아주 좋아해요.

→

⑦ 저는 쇼핑하러 가길 아주 좋아해요.

→

⑧ 저는 고양이를 안 좋아해요.

→

⑨ 저는 더운 날씨를 안 좋아해요.

→

⑩ 저는 사과를 안 좋아해요.

→

CHAPTER 10

소망, 의지, 의무 말하기

DAY 076 ___월 ___일

Tôi muốn nghỉ.

저는 쉬고 싶어요.

발음 또이 무온 응이

① muốn = 원하다, 희망하다 / nghỉ = 쉬다

muốn+동사 = ~하는 것(을) 원하다 → ~하고 싶다 ('소망'을 나타내는 표현)

주어	서술어
Tôi	muốn nghỉ.
저	쉬고 싶어요

Tôi muốn 동사. = 저(는) ~하고 싶어요.

Tôi muốn nghỉ. = 저(는) 쉬고 싶어요.

② 앞서 배웠던 표현들을 활용해 'Tôi muốn nghỉ ở trong phòng.(저는 방(안)에서 쉬고 싶어요.)'와 같이 좀 더 길게 살을 붙여 말해도 되겠죠?

새로운 표현을 한 번씩 따라 써 본 후 직접 반복해서 써 보기

① 원하다, 희망하다 = muốn [무온]

→ muốn |

② 쉬다 = nghỉ [응이]

→ nghỉ |

MP3를 듣고 따라 말하며 문장을 반복해서 써 보기

mp3 144

① Tôi muốn nghỉ.

②

③

④

⑤

응용해서 써 본 뒤 MP3를 듣고 따라 말하기

mp3 145

① 저는 앉고 싶어요. [앉다 = ngồi]

→

② 저는 베트남에서 사업하고 싶어요. [사업하다 = kinh doanh]

→

① Tôi muốn ngồi.

② Tôi muốn kinh doanh ở Việt Nam.

틀린 문장 다시 한 번 써보기

→

DAY 077 ___월 ___일

Tôi muốn kết hôn.

저는 결혼하고 싶어요.

발음 또이 무온 껫 혼

① kết hôn = 결혼하다

주어	서술어
Tôi	muốn kết hôn.
저	결혼하고 싶어요

Tôi muốn 동사. = 저(는) ~하고 싶어요.

Tôi muốn kết hôn. = 저(는) 결혼하고 싶어요.

② kết hôn은 '결혼'이라는 한국어 단어와 발음이 비슷합니다. 그리고 kết hôn과 동일한 의미를 가진 표현으로는 아래와 같은 것들이 있습니다.

lập(세우다)+gia đình(가정) → lập gia đình = 가정을 꾸리다

lấy(받다)+chồng(남편) → lấy chồng = 장가가다

lấy(받다)+vợ(부인) → lấy vợ = 시집가다

베트남어엔 위와 같이 단어와 단어의 결합으로 이루어진 표현들이 많습니다.

새로운 표현을 한 번씩 따라 써 본 후 직접 반복해서 써 보기

결혼하다 = kết hôn [껫 혼]

→ kết hôn

MP3를 듣고 따라 말하며 문장을 반복해서 써 보기

mp3 146

① Tôi muốn kết hôn.

②

③

④

⑤

응용해서 써 본 뒤 MP3를 듣고 따라 말하기

mp3 147

① 저는 가정을 꾸리고 싶어요.

→

② 저는 장가/시집가고 싶어요.

→

① Tôi muốn lập gia đình.

② Tôi muốn lấy chồng/vợ.

틀린 문장 다시 한 번 써보기

→

DAY 078 ___월 ___일

Tôi muốn trở thành ca sĩ.

저는 가수가 되고 싶어요.

발음 또이 무온 쩌 타인 까 씨

① trở thành = (어떠한 것 사람 등이) 되다 / ca sĩ = 가수

trở thành+명사 = ~(이/가) 되다

주어	서술어	대상
Tôi	muốn trở thành	ca sĩ.
저	되고 싶어요	가수

Tôi muốn 동사. = 저(는) ~하고 싶어요.

Tôi muốn trở thành 명사. = 저(는) ~(이/가) 되고 싶어요.

Tôi muốn trở thành ca sĩ. = 저(는) 가수(가) 되고 싶어요.

② 'muốn trở thành+명사'라는 표현으로 나만의 장래 희망을 말해볼 수 있겠죠?

새로운 표현을 한 번씩 따라 써 본 후 직접 반복해서 써 보기

① (~이/가) 되다 = trở thành [쩌 타인]

→ trở thành

② 가수 = ca sĩ [까 씨]

→ ca sĩ

MP3를 듣고 따라 말하며 문장을 반복해서 써 보기

mp3 148

① Tôi muốn trở thành ca sĩ.

②

③

④

⑤

응용해서 써 본 뒤 MP3를 듣고 따라 말하기

mp3 149

① 저는 선생님이 되고 싶어요. [선생님 = giáo viên]

→

② 저는 대통령이 되고 싶어요. [대통령 = tổng thống]

→

① Tôi muốn trở thành giáo viên.

② Tôi muốn trở thành tổng thống.

틀린 문장 다시 한 번 써보기

→

DAY 079 ___월 ___일

Tôi muốn ăn món ăn Tây.

저는 서양 음식을 먹고 싶어요.

발음 또이 무온 안 먼 안 떠이

① ăn = 먹다

món ăn(음식)+Tây(서쪽, 서양) → món ăn Tây= 서양 음식

주어	서술어	대상
Tôi	muốn ăn	món ăn Tây.
저	먹고 싶어요	서양 음식

Tôi muốn 동사. = 저(는) ~하고 싶어요.

Tôi muốn ăn 음식. = 저(는) ~(을/를) 먹고 싶어요.

Tôi muốn ăn món ăn Tây. = 저(는) 서양 음식(을) 먹고 싶어요.

② 지역/나라별 음식을 표현할 땐 'món ăn+지역/나라'와 같이 표현이 가능합니다.

món ăn+Tây(서쪽) → món ăn Tây = 서양 음식

món ăn+Hàn Quốc(한국) → món ăn Hàn Quốc = 한국 음식

món ăn+Trung Quốc(중국) → món ăn Trung Quốc = 중국 음식

새로운 표현을 한 번씩 따라 써 본 후 직접 반복해서 써 보기

서양 음식 = món ăn Tây [먼 안 떠이]

→ món ăn Tây

MP3를 듣고 따라 말하며 문장을 반복해서 써 보기

mp3 150

① Tôi muốn ăn món ăn Tây.

②

③

④

⑤

응용해서 써 본 뒤 MP3를 듣고 따라 말하기

mp3 151

① 저는 분짜를 먹고 싶어요. [분짜 = bún chả]

→

② 저는 반쎄오를 먹고 싶어요. [반쎄오 = bánh xèo]

→

① Tôi muốn ăn bún chả.

② Tôi muốn ăn bánh xèo.

틀린 문장 다시 한 번 써보기

→

DAY 080 ___월 ___일

Tôi muốn uống cà phê sữa đá.

저는 아이스 밀크 커피를 마시고 싶어요.

발음 또이 무온 우옹 까 페 스어 다

① uống = 마시다

cà phê(커피)+sữa(우유)+đá(아이스) → cà phê sữa đá = 아이스 밀크 커피

주어	서술어	대상
Tôi	muốn uống	cà phê sữa đá.
저	마시고 싶어요	아이스 밀크 커피

Tôi muốn 동사. = 저(는) ~하고 싶어요.

Tôi muốn uống 음료. = 저(는) ~(을/를) 마시고 싶어요.

Tôi muốn uống cà phê sữa đá. = 저(는) 아이스 밀크 커피(를) 마시고 싶어요.

② 커피엔 '블랙 커피, 밀크 커피'와 같이 여러 종류가 있고, 또 다시 이러한 여러 종류의 커피는 '따뜻하게' 먹을지 '차갑게' 먹을지 결정하게 됩니다. 위에서는 차가운 '아이스(đá) 커피'를 마신다고 했는데, 따뜻한 커피를 마시고 싶을 땐 'nóng(더운, 뜨거운)'이란 표현을 써서 'cà phê nóng(따뜻한 커피)'라고 하면 됩니다.

새로운 표현을 한 번씩 따라 써 본 후 직접 반복해서 써 보기

아이스 밀크 커피 = cà phê sữa đá [까 페 스어 다]

→ cà phê sữa đá

MP3를 듣고 따라 말하며 문장을 반복해서 써 보기

mp3 152

① Tôi muốn uống cà phê sữa đá.

②

③

④

⑤

응용해서 써 본 뒤 MP3를 듣고 따라 말하기

mp3 153

① 저는 따뜻한 커피를 마시고 싶어요.

→

② 저는 라임에이드를 마시고 싶어요. [라임에이드 = nước chanh]

→

① Tôi muốn uống cà phê nóng.

② Tôi muốn uống nước chanh.

틀린 문장 다시 한 번 써보기

→

Tôi muốn mua một quyển sách này.

저는 이 책 한 권을 사고 싶어요.

발음 또이 무온 무어 못 꾸옌 싸익 나이

① mua = 사다

quyển sách = 책 / một(1)+quyển sách+này(이) = 이 책 한 권

주어	서술어	대상
Tôi	muốn mua	một quyển sách này.
저	사고 싶어요	이 책 한 권

Tôi muốn 동사. = 저(는) ~하고 싶어요.

Tôi muốn mua 물건. = 저(는) ~(을/를) 사고 싶어요.

Tôi muốn mua một quyển sách này. = 저(는) 이 책 한 권(을) 사고 싶어요.

② '이 책, 저 가방'과 같이 '이/저 물건'이 사고 싶다고 말하려면 앞서 배웠던 지시어 'này(이), kia(저)'를 각종 물건 명사 뒤에 붙여서 말하면 됩니다. 그리고 좀 더 구체적으로 '몇 개'를 사고 싶은지까지 말하고자 할 땐 'một(1), hai(2)'와 같은 숫자를 물건 명사 앞에 붙여서 말하면 됩니다.

새로운 표현을 한 번씩 따라 써 본 후 직접 반복해서 써 보기

책 = quyển sách [꾸옌 싸익]

→ quyển sách

MP3를 듣고 따라 말하며 문장을 반복해서 써 보기 mp3 154

① Tôi muốn mua một quyển sách này.

②

③

④

⑤

응용해서 써 본 뒤 MP3를 듣고 따라 말하기 mp3 155

① 저는 저 가방을 사고 싶어요. [가방 = túi xách, 저(그) = kia]

→

② 저는 이 핸드폰을 사고 싶어요. [핸드폰 = điện thoai]

→

① Tôi muốn mua túi xách kia.

② Tôi muốn mua điện thoại này.

틀린 문장 다시 한 번 써보기

→

DAY 082 ___월 ___일

Tôi không muốn làm đêm.

저는 야근하고 싶지 않아요.

발음 또이 컴 무온 람 뎀

① không(아니다)+muốn = 원하지 않다, 싫지 않다

không muốn 동사 = ~하고 싶지 않다 / làm đêm = 야근하다

không muốn làm đêm = 야근하고 싶지 않다

주어	서술어
Tôi	không muốn làm đêm.
저	야근하고 싶지 않아요

Tôi muốn 동사. = 저(는) ~하고 싶어요.

Tôi không muốn 동사. = 저(는) ~하고 싶지 않아요.

Tôi không muốn làm đêm. = 저(는) 야근하고 싶지 않아요.

② 'muốn 동사'란 표현 앞에 'không(아니다)'가 붙게 되면 '~하고 싶지 않다'라고 부정하는 표현이 됩니다. 참고로 làm đêm이란 말은 'làm(하다)+đêm(밤, 야간)'과 같이 두 단어가 조합되어 만들어진 표현입니다.

새로운 표현을 한 번씩 따라 써 본 후 직접 반복해서 써 보기

야근하다 = làm đêm [람 뎀]

→ làm đêm |

MP3를 듣고 따라 말하며 문장을 반복해서 써 보기

mp3 156

① Tôi không muốn làm đêm.

②

③

④

⑤

응용해서 써 본 뒤 MP3를 듣고 따라 말하기

mp3 157

① 저는 등록하고 싶지 않아요. [등록하다 = đăng ký]

→

② 저는 이 회사에서 일하고 싶지 않아요. [일하다 = làm việc]

→

① Tôi không muốn đăng ký.

② Tôi không muốn làm việc ở công ty này.

틀린 문장 다시 한 번 써보기

→

DAY 083 ___월 ___일

Tôi nhớ gia đình.

저는 가족이 보고 싶어요.

발음 또이 녀 지아 디인

① nhớ = 기억하다, 그리워하다, 보고 싶다 / gia đình = 가족

주어	서술어	대상
Tôi	nhớ	gia đình.
저	보고 싶어요	가족

Tôi nhớ 명사. = 저(는) ~(이/가) 보고 싶어요.

Tôi nhớ gia đình. = 저(는) 가족(이) 보고 싶어요.

② 누군가가 '보고 싶다'고 할 땐 굳이 'muốn 동사 = ~하고 싶다'를 쓸 필요 없이 'nhớ'라는 단어로 말하면 됩니다. 참고로 연인 사이에 '(저는 당신이) 보고 싶어요'라고 말할 땐 남성은 'anh'으로, 여성은 'em'으로 지칭해서 말해야 합니다.

새로운 표현을 한 번씩 따라 써 본 후 직접 반복해서 써 보기

① 기억하다, 그리워하다, 보고 싶다 = nhớ [녀]

→ nhớ |

② 가족 = gia đình [지아 디인]

→ gia đình |

MP3를 듣고 따라 말하며 문장을 반복해서 써 보기

mp3 158

① Tôi nhớ gia đình.

②

③

④

⑤

응용해서 써 본 뒤 MP3를 듣고 따라 말하기

mp3 159

① (여자인 내가 남자에게) 보고 싶어요.

→

② 저는 고향이 그리워요. [고향 = quê]

→

① Em nhớ anh.

② Tôi nhớ quê.

틀린 문장 다시 한 번 써보기

→

Tôi sắp ăn cơm.

저는 곧 밥을 먹을 거예요.

발음 또이 쌉 안 껌

① ăn = 먹다 / cơm = 밥

sắp+동사 = 곧 ~할 예정이다, 곧 ~할 것이다

sắp ăn = 곧 먹을 예정이다, 곧 먹을 것이다

주어	서술어	대상
Tôi	sắp ăn	cơm.
저	곧 먹을 거예요	밥

Tôi sắp 동사. = 저(는) 곧 ~할 거예요.

Tôi sắp ăn 음식. = 저(는) 곧 ~(을/를) 먹을 거예요.

Tôi sắp ăn cơm. = 저(는) 곧 밥(을) 먹을 거예요.

② 'sắp(곧 ~할 예정이다)'를 동사 앞에 붙여서 말하면 '가까운 미래'에 무엇을 할지 표현할 수 있습니다. 뜻 자체에서도 알 수 있지만 '곧' 무언가를 할 것이라 말하는 표현이기 때문에 정해지지 않은 '막연한 미래'의 행위엔 사용하지 않습니다.

새로운 표현을 한 번씩 따라 써 본 후 직접 반복해서 써 보기

곧 ~할 예정이다, 곧 ~할 것이다 = sắp [쌉]

→ sắp |

MP3를 듣고 따라 말하며 문장을 반복해서 써 보기

mp3 160

① Tôi sắp ăn cơm.

②

③

④

⑤

응용해서 써 본 뒤 MP3를 듣고 따라 말하기

mp3 161

① 저는 곧 집에 돌아가요. [집에 돌아가다 = về nhà]

→

② 저는 곧 여행할 거예요. [여행하다 = du lịch]

→

① Tôi sắp đi về nhà.

② Tôi sắp đi du lịch.

틀린 문장 다시 한 번 써보기

→

DAY 085 ___월 ___일

Tôi sẽ làm việc ở Việt Nam.

저는 베트남에서 일할 거예요.

발음 또이 쎄 람 비엑 어 비엣 남

① làm việc = 일하다

sẽ+동사 = ~할 것이다 → sẽ làm việc = 일할 것이다

주어	서술어	장소
Tôi	sẽ làm việc	ở Việt Nam.
저	일할 거예요	베트남에서

Tôi sẽ 동사. = 저(는) ~할 거예요.

Tôi sẽ làm việc. = 저(는) 일할 거예요.

Tôi sẽ làm việc ở Việt Nam. = 저(는) 베트남에서 일할 거예요.

② 앞서 배운 sắp이 '가까운 미래'를 말할 때 사용한다면, sẽ는 확실히 정해지지 않은 '추상적인 미래'를 말할 때 사용합니다. 그리고 이제 조금씩 말을 좀 더 길게 늘여 가며 말할 준비가 되셨나요? '저는 ~할 거예요'라는 말 뒤에 앞서 배웠던 'ở(~에서)'라는 장소 표현까지 붙여 '저는 ~에서 ~할 거예요'와 같이 말해 보도록 하세요.

새로운 표현을 한 번씩 따라 써 본 후 직접 반복해서 써 보기

~할 것이다 = sẽ [쎄]

→ sẽ

MP3를 듣고 따라 말하며 문장을 반복해서 써 보기

mp3 162

① Tôi sẽ làm việc ở Việt Nam.

②

③

④

⑤

응용해서 써 본 뒤 MP3를 듣고 따라 말하기

mp3 163

① 저는 성공할 거예요. [성공하다 = thành công]

→

② 저는 힘낼 거예요. [힘내다 (콩글리시로 '파이팅'이란 의미) = cố lên]

→

① Tôi sẽ thành công.

② Tôi sẽ cố lên.

틀린 문장 다시 한 번 써보기

→

DAY 086 ___월 ___일

Tôi phải học chăm chỉ.

저는 공부를 열심히 해야 해요.

발음 또이 퐈이 헙 짬 찌

① chăm chỉ = 열심히 하는(하다) / học = 공부하다

동사+chăm chỉ = ~하는 것을 열심히 하다

học+chăm chỉ = 공부하는 것을(공부를) 열심히 하다

phải+동사 = ~해야 한다

phải học chăm chỉ = 공부를 열심히 해야 한다

주어	서술어
Tôi	phải học chăm chỉ.
저	공부를 열심히 해야 해요

Tôi phải 동사. = 저(는) ~해야 해요.

Tôi phải học chăm chỉ. = 저(는) 공부를 열심히 해야 해요.

② phải를 발음할 땐 ph가 [f]발음이 나며 성조는 호이성조이므로 음을 내렸다가 다시 올리면서 발음해야 합니다.

새로운 표현을 한 번씩 따라 써 본 후 직접 반복해서 써 보기

열심히 하다 = chăm chỉ [짬 찌]

→ chăm chỉ

MP3를 듣고 따라 말하며 문장을 반복해서 써 보기

mp3 164

① Tôi phải học chăm chỉ.

②

③

④

⑤

응용해서 써 본 뒤 MP3를 듣고 따라 말하기

mp3 165

① 저는 이것을 해야 해요. [하다 = làm, 이것 = cái này]

→

② 저는 베트남에 출장 가야만 해요. [(~으로) 출장 가다 = đi công tác (ở ~)]

→

① Tôi phải làm cái này.

② Tôi phải đi công tác ở Việt Nam.

틀린 문장 다시 한 번 써보기

→

TEST

▶ 앞서 배운 베트남어 문장들을 스스로 작문해 보세요. (정답 p242)

① 저는 쉬고 싶어요.

→

② 저는 가수가 되고 싶어요.

→

③ 저는 서양 음식을 먹고 싶어요.

→

④ 저는 아이스 밀크 커피를 마시고 싶어요.

→

⑤ 저는 이 책 한 권을 사고 싶어요.

→

⑥ 저는 야근하고 싶지 않아요.

→

⑦ 저는 가족이 보고 싶어요.

→

⑧ 저는 곧 밥을 먹을 거예요.

→

⑨ 저는 베트남에서 일할 거예요.

→

⑩ 저는 공부를 열심히 해야 해요.

→

CHAPTER 11

능력, 가능, 확신 말하기

DAY 087	Tôi có thể làm được.
DAY 088	Tôi không thể làm được.
DAY 089	Tôi nói được tiếng Việt.
DAY 090	Tôi không nói được tiếng Anh.
DAY 091	Tôi không được uống sữa.
DAY 092	Tôi biết lái xe.
DAY 093	Tôi không biết uống rượu.
DAY 094	Anh ấy nhảy rất giỏi.
DAY 095	Anh ấy hát rất kém.
DAY 096	Anh ấy chắc chắn sẽ thành công.

Tôi có thể làm được.

저는 할 수 있어요.

발음 또이 꺼 테 람 드억

① có thể+동사+được = ~할 수 있다

làm = 하다

có thể làm được = 할 수 있다, 하는 것이 가능하다

주어	서술어
Tôi	có thể làm được.
저	할 수 있어요

Tôi có thể 동사 được. = 저(는) ~할 수 있어요.

Tôi có thể làm được. = 저(는) 할 수 있어요.

② 어떤 행위를 하는 것이 가능하다고 말할 땐 'có thể 동사 được'을 활용해서 말하면 되는데, 이 표현은 'được' 부분을 생략하고 'có thể 동사'라고만 말하거나 'có thể' 부분을 생략하고 '동사 được'으로만 말해도 됩니다. 하지만 베트남 사람들이 가장 자연스럽게 느끼는 표현은 'có thể 동사 được'입니다.

새로운 표현을 한 번씩 따라 써 본 후 직접 반복해서 써 보기

~할 수 있다 = có thể ~ được [꺼 테 ~ 드억]

→ có thể ~ được |

MP3를 듣고 따라 말하며 문장을 반복해서 써 보기

mp3 166

① Tôi có thể làm được.

②

③

④

⑤

응용해서 써 본 뒤 MP3를 듣고 따라 말하기

mp3 167

① 저는 기다릴 수 있어요. [기다리다 = chờ]

→

② 제가 도와 드릴 수 있어요. [돕다 = giúp]

→

① Tôi có thể chờ được.

② Tôi có thể giúp được.

틀린 문장 다시 한 번 써보기

→

DAY 088 ___월 ___일

Tôi không thể làm được.

저는 할 수 없어요.

발음 또이 컴 테 람 드억

① không+thể 동사 được = ~할 수 있지 않다 → ~할 수 없다, ~하지 못하다

Không+thể làm được = 할 수 있지 않다 → 할 수 없다, 하지 못하다

주어	서술어
Tôi	không thể làm được.
저	할 수 없어요

Tôi không thể 동사 được.= 저(는) ~할 수 없어요.

Tôi không thể làm được. = 저(는) 할 수 없어요.

② '~할 수 없다, ~하지 못하다'라고 말할 땐 'không(아니다)'라는 표현을 활용하면 되는데, 여기서 주의할 점은 앞서 배웠던 'có thể 동사 được(~할 수 있다)'라는 표현에 그대로 'không'만 붙여서 'không có thể 동사 được'이라고 하면 안 된다는 것입니다. 반드시 'có'를 빼고 'không thể 동사 được'으로만 말해야 합니다. 실수하기 매운 쉬운 부분일 수 있으니 반드시 주의하도록 하세요.

새로운 표현을 한 번씩 따라 써 본 후 직접 반복해서 써 보기

~할 수 없다 = không thể ~ được [컴 테 ~ 드억]

→ không thể ~ được

MP3를 듣고 따라 말하며 문장을 반복해서 써 보기

mp3 168

① Tôi không thể làm được.

②

③

④

⑤

응용해서 써 본 뒤 MP3를 듣고 따라 말하기

mp3 169

① 저는 문자를 보낼 수 없어요. [문자를 보내다 = nhắn tin]

→

② 저는 전화를 걸 수 없어요. [전화를 걸다 = gọi điện thoại]

→

① Tôi không thể nhắn tin được.

② Tôi không thể gọi điện thoại được.

틀린 문장 다시 한 번 써보기

→

DAY 089 ___월 ___일

Tôi nói được tiếng Việt.

저는 베트남어를 말할 수 있어요.

발음 또이 너이 드억 띠엥 비엣

① 동사+được= ~할 수 있다 / nói = 말하다

nói+được = 말할 수 있다

주어	서술어	대상
Tôi	nói được	tiếng Việt.
저	말할 수 있어요	베트남어

Tôi 동사 được. = 저(는) ~할 수 있어요.

Tôi nói được 언어. = 저(는) ~(을/를) 말할 수 있어요.

Tôi nói được tiếng Việt. = 저(는) 베트남어(를) 말할 수 있어요.

② 앞서 배웠듯이 'có thể 동사 được(~할 수 있다)'라는 표현에서 'có thể' 부분을 생략하고 위와 같이 '동사 được'으로만 말해도 '~할 수 있다'라는 의미를 전달할 수 있습니다. 참고로 각 나라별 언어를 말할 땐 앞서 배웠듯이 'tiếng(언어, 말)'이란 단어 뒤에 다양한 나라명을 붙여서 말하면 됩니다.

새로운 표현을 한 번씩 따라 써 본 후 직접 반복해서 써 보기

말하다 = nói [너이]

→ nói

MP3를 듣고 따라 말하며 문장을 반복해서 써 보기

mp3 170

① Tôi nói được tiếng Việt.

②

③

④

⑤

응용해서 써 본 뒤 MP3를 듣고 따라 말하기

mp3 171

① 저는 러시아어를 말할 수 있어요. [러시아어 = tiếng Nga]

→

② 저는 영어와 베트남어를 말할 수 있어요. [영어 = tiếng Anh]

→

① Tôi nói được tiếng Nga.

② Tôi nói được tiếng Anh và tiếng Việt.

틀린 문장 다시 한 번 써보기

→

DAY 090 ___월 ___일

Tôi không nói được tiếng Anh.

저는 영어를 말하지 못해요.

발음 또이 컴 너이 드억 띠엥 아인

① không+동사 được = ~할 수 있지 않다 → ~할 수 없다, ~하지 못하다

không+nói được = 말할 수 있지 않다 → 말할 수 없다, 말하지 못하다

주어	서술어	대상
Tôi	không nói được	tiếng Anh.
저	말하지 못해요	영어

Tôi không 동사 được. = 저(는) ~하지 못해요.

Tôi không nói được 언어. = 저(는) ~(을/를) 말하지 못해요.

Tôi không nói được tiếng Anh. = 저(는) 영어(를) 말하지 못해요.

② 'không(아니다)'를 '동사 được' 앞에 붙여서 'không 동사 được'이라고 하면 '~할 수 없다, ~하지 못하다'라는 뜻이 됩니다. 참고로 이 표현은 어떠한 행위를 할 '능력'이 안 된다는 뜻이기 때문에 '안 한다'가 아닌 '못한다'라고 해석해야 정확합니다. '안 한다'는 능력이 되어도 할 의지가 없기 때문에 하지 않는다는 뉘앙스입니다.

새로운 표현을 한 번씩 따라 써 본 후 직접 반복해서 써 보기

영어 = tiếng Anh [띠엥 아인]

→ tiếng Anh |

MP3를 듣고 따라 말하며 문장을 반복해서 써 보기

mp3 172

① Tôi không nói được tiếng Anh.

②

③

④

⑤

응용해서 써 본 뒤 MP3를 듣고 따라 말하기

mp3 173

① 저는 인도어를 말하지 못해요. [인도어 = tiếng Ấn Độ]

→

② 저는 독일어를 말하지 못해요. [독일어 = tiếng Đức]

→

① Tôi không nói được tiếng Ấn Độ.

② Tôi không nói được tiếng Đức.

틀린 문장 다시 한 번 써보기

→

DAY 091 ___월 ___일

Tôi không được uống sữa.

저는 우유를 마시면 안 돼요.

발음 또이 컴 드억 우옹 스어

① không 동사 được = ~하지 못하다 [어떤 것을 하지 못하는 '무능력']
không được 동사 = ~하면 안 되다 [어떤 것을 하지 말라는 '금지']
không được uống = 마시면 안 되다

주어	서술어	대상
Tôi	không được uống	sữa.
저	마시면 안 돼요	우유

Tôi không được 동사. = 저(는) ~하면 안 돼요.
Tôi không được uống 음료. = 저(는) ~(을/를) 마시면 안 돼요.
Tôi không được uống sữa. = 저(는) 우유(를) 마시면 안 돼요.

② 앞서 배운 '~할 능력이 안 되다, ~하지 못하다'라는 뜻의 'không 동사 được'이라는 표현과 오늘 배운 'không được 동사(~하면 안 되다)'라는 금지 표현은 어순만 살짝 달라 헷갈릴 수 있습니다. 두 표현 사용 시 주의하도록 하세요.

새로운 표현을 한 번씩 따라 써 본 후 직접 반복해서 써 보기

우유 = sữa [스어]

→ sữa |

MP3를 듣고 따라 말하며 문장을 반복해서 써 보기

mp3 174

① Tôi không được uống sữa.

②

③

④

⑤

응용해서 써 본 뒤 MP3를 듣고 따라 말하기

mp3 175

① 저는 뛰면 안 돼요. [뛰다 = chạy]

→

② 저는 울면 안 돼요. [울다 = khóc]

→

① Tôi không được chạy.

② Tôi không được khóc.

틀린 문장 다시 한 번 써보기

→

DAY 092 ___월 ___일

Tôi biết lái xe.

저는 운전할 줄 알아요.

발음 또이 비엣 라이 쌔

① biết = 알다

biết+명사 = ~(을/를) 알다

biết+동사 = ~할 줄 알다

lái xe = 운전하다 → biết lái xe = 운전할 줄 알다

주어	서술어
Tôi	biết lái xe.
저	운전할 줄 알아요

Tôi biết 동사. = 저(는) ~할 줄 알아요.

Tôi biết lái xe. = 저(는) 운전할 줄 알아요.

② biết(알다)은 뒤에 '명사'가 올 경우엔 '어떠한 대상(사람/언어/문화 등)을 알다, 상황을 알다'라는 뜻으로 사용 가능하며, 뒤에 동사가 올 경우엔 '(훈련을 통해 체득 가능한 행위를) 할 줄 알다(할 수 있다)'라는 뜻으로 사용합니다.

새로운 표현을 한 번씩 따라 써 본 후 직접 반복해서 써 보기

운전하다 = lái xe [라이 쌔]

→ lái xe |

MP3를 듣고 따라 말하며 문장을 반복해서 써 보기

mp3 176

① Tôi biết lái xe.

②

③

④

⑤

응용해서 써 본 뒤 MP3를 듣고 따라 말하기

mp3 177

① 저는 (여자인) 마이 선생님을 알아요. [~라는 여자 선생님 = cô+이름]

→

② 저는 요리할 줄 알아요. [요리하다 = nấu ăn]

→

① Tôi biết cô Mai.

② Tôi biết nấu ăn.

틀린 문장 다시 한 번 써보기

→

Tôi không biết uống rượu.

저는 술을 마실 줄 몰라요.

발음 또이 컴 비엣 우옹 즈어우

① không(아니다)+biết 명사 = ~을/를 알지 않다 → ~을/를 모르다

không(아니다)+biết 동사 = ~할 줄 알지 않다 → ~할 줄 모르다

uống = 마시다 / rượu = 술

không biết uống (rượu) = (술을) 마실 줄 모르다

주어	서술어	대상
Tôi	không biết uống	rượu.
저	마실 줄 몰라요	술

Tôi không biết 동사. = 저(는) ~할 줄 몰라요.

Tôi không biết uống 음료. = 저(는) ~(을/를) 마실 줄 몰라요.

Tôi không biết uống rượu. = 저(는) 술(을) 마실 줄 몰라요.

② 앞서 보았듯이 không biết 뒤에 '명사'가 오면 '어떠한 대상을 모른다'는 뜻으로, '동사'가 오면 '어떠한 행위를 할 줄 모른다'는 뜻으로 쓰입니다.

새로운 표현을 한 번씩 따라 써 본 후 직접 반복해서 써 보기

술을 마시다 = uống rượu [우옹 즈어우]

→ uống rượu |

MP3를 듣고 따라 말하며 문장을 반복해서 써 보기

mp3 178

① Tôi không biết uống rượu.

②

③

④

⑤

응용해서 써 본 뒤 MP3를 듣고 따라 말하기

mp3 179

① 저는 스키를 탈 줄 몰라요. [스키를 타다 = trượt tuyết]

→

② 저는 영상 편집할 줄 몰라요. [영상 편집하다 = biên tập viedo]

→

① Tôi không biết trượt tuyết.

② Tôi không biết biên tập video.

틀린 문장 다시 한 번 써보기

→

DAY 094 ___월 ___일

Anh ấy nhảy rất giỏi.

그는 춤을 아주 잘 춰요.

발음 아인 어이 냐이 젓 져이

① giỏi = 잘하는(잘하다) / rất = 아주, 매우

rất giỏi = 아주 잘하다 / nhảy = 춤추다

동사+rất giỏi = ~하는 것을 아주 잘하다 → 아주 잘 ~하다

nhảy+rất giỏi = 춤추는 것을 아주 잘하다 → 아주 잘 춤추다

주어	서술어
Anh ấy	nhảy rất giỏi.
그	아주 잘 춤춰요

Anh ấy 동사 rất giỏi. = 그(는) 아주 잘 ~해요.

Anh ấy nhảy rất giỏi. =그(는) 아주 잘 춤춰요(춤을 아주 잘 춰요).

② 'giỏi'는 무언가를 '잘한다'라고 묘사하는 형용사 서술어이며, 이 앞에 형용사를 수식하는 정도부사 'rất'을 붙이면 '아주 잘하다'라는 뜻이 됩니다. 그리고 동사 뒤에 'rất giỏi'를 붙여서 말하면 어떤 행위가 아주 능숙하다고 서술하는 표현이 됩니다.

새로운 표현을 한 번씩 따라 써 본 후 직접 반복해서 써 보기

춤추다 = nhảy [냐이]

→ nhảy

MP3를 듣고 따라 말하며 문장을 반복해서 써 보기

mp3 180

① Anh ấy nhảy rất giỏi.

②

③

④

⑤

응용해서 써 본 뒤 MP3를 듣고 따라 말하기

mp3 181

① 그는 피아노를 아주 잘 쳐요. [피아노를 치다 = đánh piano]

→

② 그는 베트남어를 아주 잘해요. [베트남어를 말하다 = nói tiếng Việt]

→

① Anh ấy đánh piano rất giỏi.

② Anh ấy nói tiếng Việt rất giỏi.

틀린 문장 다시 한 번 써보기

→

DAY 095 ___월 ___일

Anh ấy hát rất kém.

그는 노래를 아주 못해요.

발음 아인 어이 핫 젓 깸

① kém = 나쁜(나쁘다), 못하는(못하다)

rất kém = 아주 못하다 / hát = 노래하다

동사+rất kém = ~하는 것을 아주 못하다

hát+rất kém = 노래하는 것을(노래를) 아주 못하다

주어	서술어
Anh ấy	hát rất kém.
그	노래를 아주 못해요

Anh ấy 동사 rất kém. = 그(는) ~하는 걸 아주 못해요.

Anh ấy hát rất kém. = 그(는) 노래하는 걸(노래를) 아주 못해요.

② 앞서 배운 'giỏi'와는 반대로 'kém'은 무언가를 '못한다'고 묘사하는 형용사 서술어이며, 이 앞에 정도부사 'rất'을 붙여 'rất kém(아주 못하다)'라고 한 다음 이를 동사 뒤에 붙여서 말하면 어떤 행위를 아주 못한다고 서술하는 표현이 됩니다.

새로운 표현을 한 번씩 따라 써 본 후 직접 반복해서 써 보기

노래하다 = hát [핫]

→ hát

MP3를 듣고 따라 말하며 문장을 반복해서 써 보기

mp3 182

① Anh ấy hát rất kém.

②

③

④

⑤

응용해서 써 본 뒤 MP3를 듣고 따라 말하기

mp3 183

① 그는 게임을 아주 못해요. [게임하다 = chơi game]

→

② 그는 장기를 아주 못해요. [장기를 두다 = đánh cờ]

→

① Anh ấy chơi game rất kém.

② Anh ấy đánh cờ rất kém.

틀린 문장 다시 한 번 써보기

→

DAY 096 ___월 ___일

Anh ấy chắc chắn sẽ thành công.

그는 반드시 성공할 거예요.

발음 아인 어이 짝 짠 쌔 타인 꼼

① chắc chắn = 반드시, 틀림없이 / sẽ+동사 = ~할 것이다

chắc chắn+sẽ 동사 = 반드시 ~할 것이다

thành công = 성공하다

chắc chắn+sẽ thành công = 반드시 성공할 것이다

주어	서술어
Anh ấy	chắc chắn sẽ thành công.
그	반드시 성공할 거예요

Anh ấy chắc chắn sẽ 동사. = 그(는) 반드시 ~할 거예요.

Anh ấy chắc chắn sẽ thành công. = 그(는) 반드시 성공할 거예요.

② chắc chắn은 '확실한(확실하다)'라는 형용사적 의미 외에 '반드시, 확실히'라는 부사의 뜻도 있으며, 어떤 행위에 대해 100% 확신할 때 'sẽ 동사(~할 것이다)'라는 동사 앞에 붙여서 '반드시 ~할 것이다'와 같이 사용합니다.

새로운 표현을 한 번씩 따라 써 본 후 직접 반복해서 써 보기

성공하다 = thành công [타인 꼼]

→ thành công

MP3를 듣고 따라 말하며 문장을 반복해서 써 보기

mp3 184

① Anh ấy chắc chắn sẽ thành công.

②

③

④

⑤

응용해서 써 본 뒤 MP3를 듣고 따라 말하기

mp3 185

① 그는 반드시 실패할 거예요. [실패하다 = thất bại]

→

② 그는 반드시 귀국할 거예요. [귀국하다 = về nước]

→

① Anh ấy chắc chắn sẽ thất bại.

② Anh ấy chắc chắn sẽ về nước.

틀린 문장 다시 한 번 써보기

→

TEST

▶ 앞서 배운 베트남어 문장들을 스스로 작문해 보세요. (정답 p242)

① 저는 할 수 있어요. ('có thể 동사 được'으로 작문)

→

② 저는 할 수 없어요. ('có thể 동사 được' 부정형으로 작문)

→

③ 저는 베트남어를 말할 수 있어요. ('동사 được'으로 작문)

→

④ 저는 영어를 말하지 못해요. ('동사 được' 부정형으로 작문)

→

⑤ 저는 우유를 마시면 안 돼요.

→

⑥ 저는 운전할 줄 알아요.

→

⑦ 저는 술을 마실 줄 몰라요.

→

⑧ 그는 춤을 아주 잘 춰요.

→

⑨ 그는 노래를 아주 못해요.

→

⑩ 그는 반드시 성공할 거예요.

→

CHAPTER 12

명령, 권유, 제안 말하기

DAY 097 ___월 ___일

Đừng hút thuốc nhé.

담배 피지 마세요.

발음 등 훗 투옥 녜

① Đừng 동사. = ~하지 말라.

Đừng 동사 nhé. = ~하지 마세요, ~하지 맙시다.

(nhé는 명령/권유/제안 시 문장 끝에 붙어서 어조를 부드럽게 만드는 역할을 함)

hút thuốc = 담배를 피우다, 흡연하다

명령/권유/제안	어조를 부드럽게 만들기
Đừng hút thuốc	nhé.
담배 피지 마요	-하세요, -합시다

Đừng hút thuốc. = 담배 피지 마요.

Đừng hút thuốc nhé. = 담배 피지 마세요(맙시다).

② đừng은 주로 바람직하지 않은 일을 하지 말라고 금지할 때 사용합니다. 그리고 명령/권유/제안 시 문장 끝에 nhé를 붙이면 좀 더 부드러운 어조로 말이 전달될 수 있으며, 이러한 nhé를 생략하고 đừng만 단독으로 쓰면 어조가 좀 더 강해집니다.

새로운 표현을 한 번씩 따라 써 본 후 직접 반복해서 써 보기

담배를 피우다, 흡연하다 = hút thuốc [훗 투옥]

→ hút thuốc |

MP3를 듣고 따라 말하며 문장을 반복해서 써 보기

mp3 186

① Đừng hút thuốc nhé.

②

③

④

⑤

응용해서 써 본 뒤 MP3를 듣고 따라 말하기

mp3 187

① 슬퍼하지 마세요. [슬프다 = buồn]

→

② 웃지 마세요. [웃다 = cười]

→

① Đừng buồn nhé.

② Đừng cười nhé.

틀린 문장 다시 한 번 써보기

→

DAY 098 ___월 ___일

Xin chờ một chút.

잠시만 기다려 주세요.

발음 씬 쩌 못 쭛

① xin = 청하다, 요구하다 → Xin 동사. = ~해 주세요.

chờ = 기다리다 / một chút = 좀, 잠시

어조를 공손하게 만들기	명령/권유/제안
Xin	chờ một chút.
-해 주세요	잠시만 기다려요

Xin chờ một chút. = 잠시만 기다려 주세요.

② xin은 'Xin chào.(안녕하세요.)'와 같은 인사말에서도 공손함을 더하는 표현으로 사용됐었죠? 이와 유사하게 상대방에게 어떠한 행위를 부탁할 때에도 xin을 동사 앞에 붙여 공손한 뉘앙스로 부탁할 수 있습니다.

새로운 표현을 한 번씩 따라 써 본 후 직접 반복해서 써 보기

① 기다리다 = chờ [쩌]

→ chờ |

② 좀, 잠시 = một chút [못 쭛]

→ một chút |

MP3를 듣고 따라 말하며 문장을 반복해서 써 보기

mp3 188

① Xin chờ một chút.

②

③

④

⑤

응용해서 써 본 뒤 MP3를 듣고 따라 말하기

mp3 189

① 천천히 말해 주세요. [천천히 말하다 = nói từ từ]

→

② 더 느리게 말해 주세요. [더 느리게 말하다 = nói chậm hơn]

→

① Xin nói từ từ.

② Xin nói chậm hơn.

틀린 문장 다시 한 번 써보기

→

DAY 099 ___월 ___일

Xin mời vào.

들어오세요.

발음 씬 머이 봐오

① mời = 청하다, 초청하다, 접대하다

Xin mời 동사. = (자/어서) ~하세요.

vào = 들어오다

어조를 공손하게 만들기	명령/권유/제안
Xin mời	vào.
(자/어서) -하세요	들어와요

Xin mời vào. = (자/어서) 들어오세요.

② 앞서 배웠듯이 상대방에게 어떤 행위를 공손하게 부탁하고자 할 땐 동사 앞에 xin을 붙여서 'Xin 동사.(~해 주세요.)'와 같이 말하면 되는데요. 여기서 xin뒤에 '청하다, 접대하다'라는 뜻의 mời까지 붙여서 말하게 되면 '부탁'보다는 '권유'하는 뉘앙스로 어조에 친밀감을 더할 수 있습니다.

새로운 표현을 한 번씩 따라 써 본 후 직접 반복해서 써 보기

들어오다 = vào [봐오]

→ vào

MP3를 듣고 따라 말하며 문장을 반복해서 써 보기

mp3 190

① Xin mời vào.

②

③

④

⑤

응용해서 써 본 뒤 MP3를 듣고 따라 말하기

mp3 191

① 누우세요. [눕다 = nằm]

→

② 앉으세요. [앉다 =ngồi]

→

① Xin mời nằm.

② Xin mời ngồi.

틀린 문장 다시 한 번 써보기

→

DAY 100 ___월 ___일

Anh hãy tin em đi.

저를 믿어 보세요.

발음 아인 하이 띤 앰 디

① 동사+đi. & Hãy+동사. = ~하라/해요. (강하게 요구)

주어+동사+đi. = ~하세요. (부드럽게 '권유'하는 뉘앙스가 가미)

주어+hãy+동사+đi. = ~해 보세요. ('권장/설득'의 뉘앙스가 가미)

tin+사람 = ~을/를 믿다 → tin em = 나(저)를 믿다

주어	명령/권유/제안
Anh	hãy tin em đi.
(형/오빠뻘인) 당신	저를 믿어 보세요

Tin em đi. = 저를 믿어요. (강하게 요구)

Anh tin em đi. = 저를 믿으세요. (부드럽게 '권유')

Anh hãy tin em đi. = 저를 믿어 보세요. (부드럽게 '권장/설득')

② 주어/단어가 추가되는 여부에 따라 말의 부드러움, 정중도가 달라집니다. 덧붙여 나를 'em'이라 지칭한 것은 나 자신을 동생뻘로 낮춰서 지칭했기 때문입니다.

새로운 표현을 한 번씩 따라 써 본 후 직접 반복해서 써 보기

믿다 = tin [띤]

→ tin

MP3를 듣고 따라 말하며 문장을 반복해서 써 보기

mp3 192

① Anh hãy tin em đi.

②

③

④

⑤

응용해서 써 본 뒤 MP3를 듣고 따라 말하기

mp3 193

① (손아랫사람에게) 신중하게 들어 보세요. [신중하게 듣다 = nghe kỹ]

→

② (손아랫사람에게) 신중하게 봐 보세요. [신중하게 보다 = nhìn kỹ]

→

① Em hãy nghe kỹ đi.

② Em hãy nhìn kỹ đi.

틀린 문장 다시 한 번 써보기

→

TEST

▶ 앞서 배운 베트남어 문장들을 스스로 작문해 보세요. (정답 p242)

① 담배 피지 마세요.

→

② 슬퍼하지 마세요.

→

③ 웃지 마세요.

→

④ 잠시만 기다려 주세요. ('Xin+동사'로 작문)

→

⑤ 천천히 말해 주세요. ('Xin+동사'로 작문)

→

⑥ 들어오세요. ('Xin mời+동사'로 작문)

→

⑦ 누우세요. ('Xin mời+동사'로 작문)

→

⑧ (남성 손윗사람에게) 저를 믿어 보세요.

→

⑨ (손아랫사람에게) 신중하게 들어 보세요.

→

⑩ (손아랫사람에게) 신중하게 봐 보세요.

→

TEST 정답 & 주요 어휘

각 챕터 TEST 정답과
앞서 배운 기초 문장을 익히면서 등장했던
주요 어휘들을 한눈에 훑어 볼 수 있도록 정리했습니다.

TEST 정답

Chapter 1

1. Xin chào.
2. Xin chào các bạn.
3. Chào anh.
4. Chào chị.
5. Chào cô.
6. Chào em.
7. Tạm biệt. / Hẹn gặp lại.
8. Cảm ơn(Cám ơn). /
   Không có gì(chi).
9. Xin lỗi. / Không sao.
10. Rất vui được gặp cô.

Chapter 2

1. Tôi là Kim YeonJin.
2. Tôi tên là Kim YeonJin.
3. Tôi là sinh viên.
4. Em ấy là sinh viên năm thứ nhất.
5. Chị ấy là người Hàn Quốc.
6. Tôi và chị ấy là chị em.
7. Tôi là vợ của anh ấy.
8. Tôi là nhân viên.
9. Tôi không phải là giám đốc.
10. Tôi không phải là ca sĩ.

Chapter 3

1. Tôi ăn cơm.
2. Tôi uống nước.
3. Tôi mặc áo.
4. Tôi xem phim.
5. Tôi nghe nhạc. / Tôi học âm nhạc.
6. Tôi mua túi xách. /
   Tôi bán túi xách.
7. Tôi đi mua sắm.
8. Tôi nấu ăn.
9. Tôi yêu gia đình.
10. Tôi đang làm bài tập.

Chapter 4

1. Tôi đang ở nhà.
2. Tôi đang ở nhà vệ sinh. /
   Tôi đang ở phòng vệ sinh.
3. Hoa quả ở trên cái bàn. /
   Trái cây ở trên cái bàn.
4. Tiền của tôi ở trên cái bàn.
5. Mẹ/Má của tôi ở trong phòng.
6. Anh trai của tôi đang ở trong phòng.
7. Bố của tôi không có ở nhà.
8. Chị gái của tôi đang không có ở nhà.
9. Tôi làm việc ở công ty Hàn Quốc.
10. Tôi làm việc ở công ty thương mại.

Chapter 5

1. Tôi có điện thoại.
2. Tôi có người yêu.
3. Tôi có một em gái.
4. Tôi có hai em trai. /
   Tôi có hai chị gái.
5. Tôi có nhiều bạn.
6. Tôi có nhiều việc.
7. Tôi không có thời gian.
8. Tôi không có máy tính xách tay. /
   Tôi không có lap top.
9. Đây là túi xách của tôi.
10. Đây là bạn trai của tôi. /
    Đây là bạn gái của tôi.

Chapter 6

1. Bây giờ là mười hai giờ.
2. Bây giờ là một giờ ba mươi phút.
3. Bây giờ là hai giờ rưỡi.
4. Hôm nay là thứ hai.
5. Hôm nay là chủ nhật.
6. Hôm nay là ngày một tháng một.
7. Hôm nay là ngày bốn tháng tư.
8. Năm nay tôi ba mươi lăm tuổi.
9. Tôi cao một trăm sáu mươi cm.
10. Tôi cao một trăm năm mươi lăm cm.

Chapter 7

1. Áo này rất đắt. / Áo này rất mắc.
2. Món ăn kia rất cay.
3. Phòng của anh ấy rất sạch sẽ.
4. Thời tiết hôm nay rất nóng.
5. Dạo này em rất bận.
6. Học tiếng Việt rất khó.
7. Anh cao quá.
8. Món ăn này ngon quá.
9. Ở công viên này có nhiều người lắm.
10. Hôm nay không mệt lắm.

Chapter 8

1. Ngày mai tôi đi Busan.
2. Ngày mai tôi đi thư viện.
3. Mỗi ngày tôi đi làm việc.
4. Mỗi ngày tôi đi uống cà phê.
5. Tôi đến công ty.
6. Tôi đến nhà bạn.
7. Tôi (đi) về nhà.
8. Tôi (đi) về quê.
9. Tôi đi siêu thị để mua hàng.
10. Tôi đến đây để tập thể dục.

Chapter 9

1. Tôi thích chó con.
2. Tôi thích con mèo.
3. Tôi thích mùa xuân.
4. Tôi thích mùa thu.
5. Tôi rất thích đi dạo.
6. Tôi rất thích uống rượu.
7. Tôi rất thích đi mua sắm.
8. Tôi không thích con mèo.
9. Tôi không thích trời nóng.
10. Tôi không thích quả táo.

Chapter 10

1. Tôi muốn nghỉ.
2. Tôi muốn trở thành ca sĩ.
3. Tôi muốn ăn món ăn Tây.
4. Tôi muốn uống cà phê sữa đá.
5. Tôi muốn uống một quyển sách này.
6. Tôi không muốn làm đêm.
7. Tôi nhớ gia đình.
8. Tôi sắp ăn cơm.
9. Tôi sẽ làm việc ở Việt Nam.
10. Tôi phải học chăm chỉ.

Chapter 11

1. Tôi có thể làm được.
2. Tôi không thể làm được.
3. Tôi nói được tiếng Việt.
4. Tôi không nói được tiếng Anh.
5. Tôi không được uống sữa.
6. Tôi biết lái xe.
7. Tôi không biết uống rượu.
8. Anh ấy nhảy rất giỏi.
9. Anh ấy hát rất kém.
10. Anh ấy chắc chắn sẽ thành công.

Chapter 12

1. Đừng hút thuốc nhé.
2. Đừng buồn nhé.
3. Đừng cười nhé.
4. Xin chờ một chút.
5. Xin nói từ từ.
6. Xin mời vào.
7. Xin mời nằm.
8. Anh hãy tin em đi.
9. Em hãy nghe kỹ đi.
10. Em hãy nhìn kỹ đi.

xin	청하다	p.028
chào	인사하다, 안녕	p.028
các bạn	친구들, 여러분	p.029
anh	형/오빠	p.030
chị	누나/언니	p.031
cô	여자 선생님, 고모/이모/숙모(뻘 되는 아주머니)	p.032
em	동생	p.033
tạm biệt	잘 가(요), 안녕, 안녕히 가세요	p.034
hẹn	약속하다	p.035
gặp	만나다	p.035
lại	다시	p.035
cảm ơn, cám ơn	감사하다, 고마워하다	p.036
không có	없다	p.037
gì, chi	무엇	p.037
lỗi	실수, 과실, 잘못	p.038
bà	할머니	p.038
không sao	괜찮다, 별 문제 없다, 아무것도 아니다	p.039
rất	매우, 아주	p.040
vui	기쁜	p.040
được	~하게 되다	p.040
tôi	나, 내, 저, 제	p.044
là	~이다, ~이에요, ~입니다	p.044
tên	이름	p.046
sinh viên	대학생	p.048
nhân viên công ty	회사원	p.048
nhà kinh doanh	사업가	p.049
ấy	그, 저	p.050

người	사람	p.050
Hàn Quốc	한국	p.050
Việt Nam	베트남	p.051
Trung Quốc	중국	p.051
năm	년(年)	p.052
thứ	~ 번째, 요일	p.052
và	그리고	p.054
chị em	자매	p.054
anh em	형제	p.054
của	~의	p.056
vợ	아내	p.056
chồng	남편	p.057
người yêu	애인	p.057
này	이(곳), 이(것)	p.058
công ty	회사	p.058
nhân viên	직원	p.058
nhà hàng	식당	p.059
cửa hàng	상점, 가게	p.059
không	아니다	p.060
phải	옳은	p.060
giám đốc	사장	p.060
ca sĩ	가수	p.061
tài xế	운전기사	p.061
ăn	먹다	p.064
cơm	밥	p.064
ăn sáng	아침(밥)을 먹다	p.065
ăn tối	저녁(밥)을 먹다	p.065
uống	마시다	p.066

nước	물	p.066
bia	맥주	p.067
cà phê	커피	p.067
mặc	입다	p.068
áo	옷	p.068
quần	바지	p.069
áo khoác	외투	p.069
xem	보다	p.070
phim	영화	p.070
tivi	텔레비전	p.071
tin tức	뉴스	p.071
nghe	듣다	p.072
nhạc	음악	p.072
thông tin	소식	p.073
đó	그, 저	p.073
học	공부하다, 배우다	p.074
tiếng Anh	영어	p.074
Hán tự	한자	p.075
kinh doanh	경영	p.075
viết	쓰다	p.076
nhật ký	일기	p.076
chữ	알파벳	p.077
tiếng Việt	베트남어	p.077
thư	편지	p.077
mua	사다	p.078
túi xách	가방	p.078
điện thoại	핸드폰	p.079
mỹ phẩm	화장품	p.079

bán	팔다	p.080
hoa quả (북), trái cây (남)	과일	p.080
rau	채소	p.081
giày dép	신발	p.081
đi	가다	p.082
mua sắm	쇼핑하다	p.082
chơi	놀다	p.083
du lịch	여행하다	p.083
nấu	(~라는 음식을) 짓다, 요리하다	p.084
nấu ăn	요리하다	p.084
lái xe	운전하다	p.085
tập thể dục	운동하다	p.085
yêu	사랑하다	p.086
gia đình	가족	p.086
đang	~하는 중이다	p.088
làm	하다, 만들다	p.088
bài tập	숙제, 과제	p.088
ở	있다, ~에(서)	p.092
nhà	집	p.092
nhà vệ sinh, phòng vệ sinh	화장실	p.093
trường	학교	p.093
trên	위(에)	p.094
cái bàn	탁자	p.094
quyển sách	책	p.095
tiền	돈	p.095
trong	안(에)	p.096
phòng	방	p.096
mẹ (북), má (남)	어머니	p.096

tháng	월	p.124
năm nay	올해	p.126
tuổi	나이, 살(세)	p.126
cao	높은(높다), 키가 큰(크다)	p.128
đắt (북), mắc (남)	비싼(비싸다)	p.128
đẹp	예쁜(예쁘다)	p.133
vừa ý	만족스러운(마음에 들다)	p.133
cay	매운(맵다)	p.134
kia	저, 그	p.134
chua	시큼한(시다)	p.135
chua ngọt	새콤달콤한(새콤달콤하다)	p.135
tốt	좋은(좋다)	p.136
phát âm	발음	p.136
hay	좋은(좋다)	p.137
giỏi	잘하는(잘하다), 좋은(좋다)	p.137
to	큰(크다)	p.138
tay	손	p.138
nhỏ	작은(작다)	p.139
lạnh	추운(춥다), 차가운(차갑다)	p.139
sạch sẽ	깨끗한(깨끗하다)	p.140
phòng học	공부방	p.140
phòng ngủ	침실	p.140
bẩn (북), dơ (남)	더러운(더럽다)	p.141
rộng	넓은(넓다)	p.141
nóng	더운(덥다)	p.142
thời tiết	날씨	p.142
lạnh	추운(춥다)	p.143
dễ chịu	(날씨가) 좋은(좋다)	p.143

bận	바쁜(바쁘다)	p.144
em	(동생뻘인) 나	p.144
dạo này	요즘	p.144
mệt	피곤한(피곤하다)	p.145
buồn	슬픈(슬프다), 우울한(우울하다)	p.145
khó	어려운(어렵다)	p.146
quá	매우, 아주	p.148
thấp	작은(작다)	p.149
đẹp trai	잘생긴(잘생기다)	p.149
ngon	맛있는(맛있다)	p.150
mặn	짠(짜다)	p.151
ngọt	단(달다)	p.151
dễ thương	귀여운(귀엽다)	p.152
con mèo	고양이	p.152
dữ	사나운(사납다)	p.153
đáng yêu	사랑스러운(사랑스럽다)	p.153
công viên	공원	p.154
chó con	강아지	p.155
cây	나무	p.155
lắm	매우, 아주	p.156
ngày mai	내일	p.160
thư viện	도서관	p.161
mỗi ngày	매일	p.162
câu cá	낚시하다	p.163
đến	가다, 오다, 도착하다	p.164
về	돌아오다, 돌아가다	p.166
nước	나라	p.166
quê	고향	p.166

siêu thị	마트	p.168
hàng	물건	p.168
tươi	신선한	p.169
rau	야채	p.169
đây	여기	p.170
tập thể dục	운동하다	p.170
rút	뽑다, 인출하다	p.171
sơn	칠하다	p.171
móng tay	손톱	p.171
thích	좋아하다	p.174
con thỏ	토끼	p.175
mùa xuân	봄	p.176
mùa hè	여름	p.176
mùa thu	가을	p.176
mùa đông	겨울	p.176
đi dạo	산보하다, 산책하다	p.178
quả táo	사과	p.181
muốn	원하다, 희망하다	p.184
nghỉ	쉬다	p.184
ngồi	앉다	p.185
kết hôn	결혼하다	p.186
trở thành	(어떠한 것 · 사람 등이) 되다	p.188
giáo viên	선생님	p.189
tổng thống	대통령	p.189
làm đêm	야근하다	p.196
đăng ký	등록하다	p.197
nhớ	기억하다, 그리워하다, 보고 싶다	p.198
sắp ~	곧 ~할 예정이다, 곧 ~할 것이다	p.200

sẽ ~	~할 것이다	p.202
thành công	성공하다	p.203
cố lên	힘내다 (콩글리시로 '파이팅'이란 의미)	p.203
chăm chỉ	열심히 하는(하다)	p.204
phải ~	~해야 한다	p.204
đi công tác	출장 가다	p.205
có thể ~ được	~할 수 있다	p.208
chờ	기다리다	p.209
giúp	돕다	p.209
không thể ~ được	~할 수 없다, ~하지 못하다	p.210
nhắn tin	문자를 보내다	p.211
gọi điện thoại	전화를 걸다	p.211
~ được	~할 수 있다	p.212
tiếng Nga	러시아어	p.213
không ~ được	~할 수 없다, ~하지 못하다	p.214
tiếng Ấn Độ	인도어	p.215
tiếng Đức	독일어	p.215
không được ~	~하면 안 되다	p.216
sữa	우유	p.216
chạy	뛰다	p.217
khóc	울다	p.217
biết	알다	p.218
không biết ~	~을/를 모르다, ~할 줄 모르다	p.220
rượu	술	p.220
trượt tuyết	스키를 타다	p.221
biên tập viedo	영상 편집하다	p.221
nhảy	춤추다	p.222
đánh piano	피아노를 치다	p.222

kém	나쁜(나쁘다), 못하는(못하다)	p.224
hát	노래하다	p.224
chơi game	게임하다	p.225
đánh cờ	장기를 두다	p.225
chắc chắn	반드시, 틀림없이	p.226
về nước	귀국하다	p.227
đừng ~	~하지 말라	p.230
nhé	~하세요, ~합시다	p.230
hút thuốc	담배를 피우다, 흡연하다	p.230
cười	웃다	p.231
một chút	좀, 잠시	p.232
từ từ	천천히	p.233
chậm hơn	더 느리게	p.233
mời	청하다, 초청하다, 접대하다	p.234
vào	들어오다	p.234
nằm	눕다	p.235
hãy ~	~하라, ~해요	p.236
tin	믿다	p.236
kỹ	신중하게	p.237
nhìn	보다	p.237

MEMO

MEMO

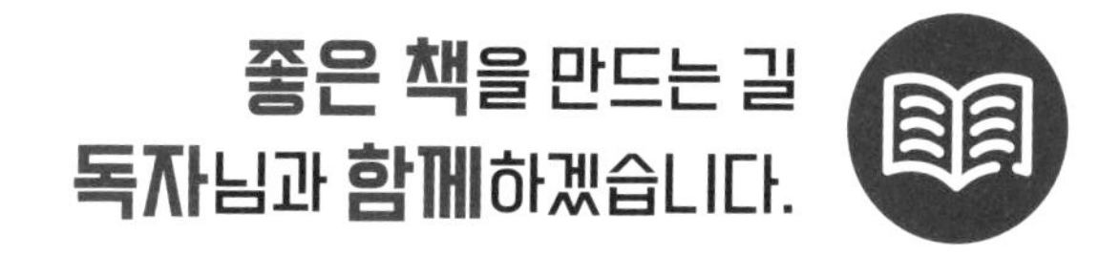

나의 하루 1줄 베트남어 쓰기 수첩 [기초문장 100]

초판발행	2020년 04월 27일
발행인	박영일
책임편집	이해욱
저자	김연진
편집진행	심영미 · 신기원
표지디자인	안병용
편집디자인	임아람 · 하한우
일러스트	김소은
발행처	시대인
공급처	(주)시대고시기획
출판등록	제 10-1521호
주소	서울시 마포구 큰우물로 75 [도화동 538 성지 B/D] 9F
전화	1600-3600
팩스	02-701-8823
홈페이지	www.edusd.co.kr
ISBN	979-11-254-7080-9(13730)
정가	12,000원